⭐ 该书内容已使数百万家长受益 ⭐
并引起强烈反响

柯云路
著

好父母
胜过好学校

—中国孩子成功法

河南文艺出版社
·郑州·

图书在版编目(CIP)数据

好父母胜过好学校:中国孩子成功法/柯云路
著. —郑州:河南文艺出版社,2019.11
ISBN 978-7-5559-0881-4

Ⅰ.①好… Ⅱ.①柯… Ⅲ.①儿童教育-家庭教
育 Ⅳ.①G782

中国版本图书馆 CIP 数据核字(2019)第 210861 号

出版发行　河南文艺出版社
本社地址　郑州市郑东新区祥盛街 27 号 C 座 5 楼
邮政编码　450018
承印单位　河南瑞之光印刷股份有限公司
经销单位　新华书店
纸张规格　700 毫米×1000 毫米　1/16
印　　张　15.5
字　　数　175 000
版　　次　2019 年 11 月第 1 版
印　　次　2019 年 11 月第 1 次印刷
定　　价　40.00 元

印厂地址　河南省武陟县产业集聚区东区(詹店镇)泰安路
邮政编码　454950　　电话　0391-2527860

序
一定让你的孩子成功

这是写给父母的一本书。

每一位父母都希望孩子成功,希望自己的孩子成为一个优秀的人,一个对社会、对家庭有益的人,但怎样达到这个目的,不能仅靠愿望。

必须改变思维,并找到具体的方法。

《好父母胜过好学校——中国孩子成功法》是一本家庭教育的实用手册,旨在帮助家长更好地了解和掌握家教方法,解除家长在教育孩子问题上的困扰。

本书介绍了一些非常有效的家教方法,每种方法都由若干技术组成。它的最大特点是简单易行,效果显著。

这些方法是:

一、新形象确立法;

二、心理暗示法；

三、欣赏、夸奖、鼓励、榜样法；

四、进入孩子思维法；

五、冲突化解法；

六、未来强者心理重建法；

七、心理障碍排除法；

八、微笑根本法。

希望这些方法能够帮助家长解决日常遇到的种种具体家教问题，也希望家长在实践这些方法的过程中，逐步消除困扰自己的子女教育问题。

多年前，我曾主持过一个由全国各地的中学生组成的未来强者训练营。虽然训练营只有短短的七天，却使许多孩子发生了奇迹般的变化。在训练营中最后一位走上讲台的同学克服了自卑，如她自己所说，"对自己充满了自信"，开学后短短几个月时间各科成绩都有了明显提高。她的父母、老师、同学，甚至她本人，都为这些变化感到欣喜，感到惊奇。

为了使家长朋友们对这套方法有更加感性的认识，本书附录还选登了部分家长和孩子的来信。这些不同年龄段的孩子以及他们的家长所面临的问题带有某种共性，可能会对朋友们有所启发。

　　一位参加过"中国孩子成功法"培训的家长,她的孩子从小学三年级开始就不按时完成作业,老师的批评、家长的打骂都不解决问题。自从家长掌握了正确的家教方法后,孩子一天天明显进步,原来在班里的学习成绩是四十几名,几个月后的期末考试,上升到班级第十四名,到了这一年暑假,他的成绩更一跃成为班级第九名。这个孩子写信告诉我,他相信自己还会有更大的进步。

　　当然,学习成绩的提高只不过是孩子综合素质提高的表现之一。家长的教育方法改变了,家庭关系和谐了,与孩子能相互理解、相互沟通了,孩子变得懂事了,也更关心和体贴父母了。

　　为人父母,本是幸福的事情。拥有成功的孩子,更是一种幸福。

　　希望你拥有一个成功的孩子。

　　希望你成为一个幸福的家长。

　　我愿意分享你们的幸福。

柯云路

目　录

1

一　新形象确立法

25

二　心理暗示法

49

三　欣赏、夸奖、鼓励、榜样法

73

四　进入孩子思维法

101

五　冲突化解法

133

六　未来强者心理重建法

163

七　心理障碍排除法

189

八　微笑根本法

211

附录　中国孩子成功法案例

一　新形象确立法

中国孩子成功法的第一个基本方法就是"新形象确立法"。

每一位家长无论自觉与否,心中都有对孩子的理想形象设计。

"新形象确立法"就是在家长的自觉配合下,为孩子确立新的理想形象。

"新形象确立法"为孩子设计的理想形象包括六方面的内容:

智者形象;

强者形象;

健康形象;

道德形象;

自在形象;

优秀的现代意识。

新形象确立法同时告诉家长为孩子确立理想形象的具体方法,如想象确立法、描述确立法、行为确立法等。这些方法的最大特点是简单易行,效果显著。

你是否愿意尝试一下?

1.

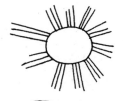

智者形象具体表现为：

聪明, 想象力丰富, 爱动脑筋, 学习能力强, 有创造力。

强者形象具体表现为：

自强, 自立, 自信, 不怕困难, 敢说敢做, 对人不卑不亢。

健康形象具体表现为：

身体健康, 心理健康, 很少生病。

道德形象具体表现为：

善于关心和理解他人，懂是非，懂善恶，有社会适应能力。

自在形象具体表现为：

热爱学习，奋发向上，兴趣广泛，开朗活泼。

孩子应该具备的优秀现代意识有：

独立意识，主见意识，竞争意识，奋斗意识，创造意识，效益意识，金钱意识，社交意识等。

2.

家长为孩子设计了理想的形象(智者形象、强者形象、自在形象、健康形象、道德形象)之后,如何使这些设计真正变为孩子的现实,就要用到"新形象确立法"。

"新形象确立法"具体由三个技术或者说三个方法构成。

新形象确立法的第一种技术, 叫作"想象体会确立法"。

这也是现代心理学常用的一种方法,

很容易理解和掌握。

　　美国心理学家罗森塔尔教授做了一
个实验：

　　把一群小白鼠随机地分成两组：A 组
和 B 组。然后，他告诉 A 组的饲养员说，A
组的老鼠是特别聪明的；同时告诉 B 组的
饲养员，B 组的老鼠是智力一般的。几个
月后，对这两组老鼠进行穿越迷宫的测
试，发现 A 组老鼠确实比 B 组老鼠聪明，
能够先走出迷宫，找到食物。

　　于是，罗森塔尔教授得到一个启示，
他把这个启示用在了人的身上。

　　在一个班级的花名册上，他随机画出
几个同学，然后告诉老师，这几个同学经
过他的观察和测试，是智商特别高、特别
聪明的学生。事实上他根本不了解该班学
生的情况。

　　受到这番话的影响,老师总觉得这几个孩子特别聪明,所以一直用对待聪明孩子的方法对待他们。

　　一年以后,这几个孩子的学习成绩在班里遥遥领先。

　　这就是著名的"罗森塔尔效应"。

　　罗森塔尔效应告诉我们什么呢?

　　一个孩子被看成什么样,被说成什么样,被怎样对待,在不长的时间内,就会变成孩子的现实。

　　罗森塔尔效应值得每个家长充分重视。

　　具体到家庭教育,当家长为孩子设计了理想的形象,这个形象可能停留在语言上、词汇上:比如聪明、自信、健康、道德、自在,等等。

这时候就要用想象体会的方法,使原来比较抽象的形象设计变为孩子的现实。

具体做法是,经常想象一下孩子的新形象。

从今天开始,把孩子的新形象当作孩子的现实,不管孩子暂时是什么样子。

家长要经常想象,孩子聪明的时候是什么样子? 有创造力的时候是什么样子?

要想象孩子会越来越聪明,越来越有创造力。

在心理素质方面,要把孩子想象成坚强的、自信的、大胆的、敢说敢做的、有行为能力的人,而且心理素质会越来越好。

在道德方面,把孩子想象成有道德的、有是非观念的、关心他人的人。

在健康方面,不管孩子目前身体状况如何,都要对孩子进行健康的想象,而且想象他会越来越健康。

在自在状态方面,把孩子想象成有学习兴趣的,是自觉的、奋发向上的,愿意自己管理自己生活,并且是性格开朗活泼的。

家长每天都要做一到两次这样的想象,特别是面对孩子的时候。

对于大一些的孩子(上了小学),还要启发、诱导孩子自己进行这种想象。

让孩子经常想象并体会一下自己的新形象。

所谓体会,就是找回自己在生活中有

过的那个好感觉。

所有的孩子,即使是学习成绩不太理想的孩子,也有自己特别感兴趣的科目;再软弱的孩子,也有过大胆坚强的时候;性格再内向的孩子,也有过活泼开朗的时候;再孤僻的孩子,也有过和好伙伴高兴玩耍的时候。

有一瞬间的健康和快乐就可以,就能够体会到。

这些感觉每一个人都能找到。

如果家长为自己设计了对待孩子的新形象,也可以通过想象和体会的方法进入这个新形象。

新形象确立法为家长设计的面对孩子的新形象是:

我们和蔼,我们微笑,我们对孩子欣

赏,我们对孩子理解,我们对孩子平等,我们关心孩子,我们尊重孩子,我们耐心,我们倾听,我们智慧,我们从容,我们自信。

请体会一下,想象一下,自己现在对孩子和蔼、理解、尊重、平等、倾听、关心、欣赏。

想象一下孩子在自己眼前,就能找到那种感觉。

3.

新形象确立法的第二种技术，叫作"描述确立法"。即用语言不断地描述自己为孩子设计的形象。

描述确立法既适用于孩子，也适用于家长自己。

描述确立法用在孩子身上效果非常明显，可以说立竿见影。

你怎么描述自己的孩子呢？你怎么对别人介绍你的孩子呢？你怎么对孩子评价

他自己呢？

这个描述非常重要。特别是孩子小的时候，这种描述起到决定性的作用。

在智力方面，你要这样描述自己的孩子：

我的孩子特别聪明，特别爱动脑筋，新点子特别多，常常能想到别人想不到的问题，特别爱学习。

当你这样描述孩子的时候，这些描述就开始对孩子产生影响，时间长了就成为孩子对自己的认定。

家长对孩子的描述非常重要。

这也是考察了很多成功者的家庭教育后得出的一个重要结论。

对孩子的强者素质应当怎样描述呢？

你描述他坚强，适应能力强，敢社交，

敢讲话,不怕困难。

无论是对孩子描述,还是对其他人,都要这样描述自己的孩子,比如你对孩子说:宝宝,你真是个好孩子,特别勇敢,特别大方。孩子会觉得自己具备了这种素质。

描述得越多,孩子就越勇敢、越大方。

对孩子的道德方面,要这样描述:

我的孩子愿意关心别人,并且知道如何关心别人;

我的孩子能够判别是非,区分好坏;

我的孩子善良,但不幼稚;

我的孩子能够照顾自己、保护自己;

我的孩子关心社会,善于团结他人。

对孩子的健康状况,要这样描述:

我的孩子身体特别好,随着年龄的增长越来越好;

我的孩子很少生病,生病后休息休息就好了;

我的孩子心理也特别健康。

对孩子的自在状态,也要用描述的方式予以确立。

比如说,我的孩子爱学习,学习特别自觉,兴趣爱好广泛;

嗯——这孩子学习兴趣广泛,天文、地理知识都关心。

我的孩子愿意自己管理自己的生活,从不让家长操心;

我的孩子有上进心。

描述是把你对孩子的设计确立下来的第二种技术。

你对孩子设计成什么样,以后就要怎么样来说。

可以变换方式翻来覆去地描述。

同时家长要注意,要彻底改掉过去对

孩子不好的描述,尽快消除它们对孩子造成的负面影响。

有些家长总是习惯当着别人的面数落孩子这样不好那样不好,那都是不好的描述。

家长也可以描述自己的新形象。

比如你可以经常对家人、对朋友、对孩子这样讲:经过学习,我现在变成了一个新家长。当我以新的面貌出现在孩子面前时,我和蔼,我对孩子欣赏、理解、平等,我关心孩子、尊重孩子,我耐心,我倾听,我对孩子指导,我从容,我自信。

4.

　　新形象确立法的第三种技术，叫作"行为确立法"。

　　任何形象设计都要通过行为体现出来，通过行为确立下来。

　　你为孩子设计的任何新品质，都要创造机会让孩子按这个品质行为。

　　不断行为的结果，这种品质慢慢就固定下来了。

　　比如你给孩子设计了一个大胆的形

象,可是孩子现在还比较胆小。

怎么办呢？要通过行为，光说还不行。

带孩子到麦当劳吃饭,你可以让他自己到柜台点餐。开始他可能比较胆怯,但经过启发诱导后终于做到了,要对他的勇敢行为进行肯定:你真棒!很大胆(这同时就是描述)!

他这样行为一次，你就要肯定一次，这个品质就固定一次。

所有给孩子设计的形象,都要通过行为固定下来。

如果给孩子设计一个聪明的形象,具体怎么办呢？孩子可能正在看动漫片《麻辣女孩》,你可以问问他,这个故事如果由你来编,会是什么样的结局？

他可能会有一种说法。这种说法就是创造。

创造就是他的行为，你要给予肯定，这同时又是描述。

通过描述和表扬，这个行为就变成一种聪明的特点巩固下来了。

如果你想培养孩子热爱学习的习惯，那么，当遇到某样东西引起孩子的兴趣，孩子特别爱学，自己在那儿琢磨，对这种行为你要肯定，于是孩子爱学习的品质就被巩固了一次。

你想设计自己的孩子能够关心别人的形象，不能光靠嘴说，而要行动。

例如你哪天领他出门，看到一个比他小的孩子在路边哭，你说：上去哄哄小弟弟吧！孩子过去了，也许并不是很得体，就是用手拉了拉对方，说：小弟弟别哭了。

这就是行为。当孩子回来时就要肯定

他。

这样,关心别人的品质就在孩子身上得到某种强化。

每一种设计好的品质,都要让孩子重复行为多次。

对于很小的孩子,一个品质的建立,重复两三次就有很好的效果。

大一点的孩子要建立一个更加稳定的品质,你只要通过适当的行为,而且让这个行为重复多次,好的品质就建立起来了。

所以,用"行为确立法",可以确立孩子的新形象。

譬如孩子不敢大声讲话,就可以通过行为来改变。

我们在未来强者训练营中就这样训练不敢讲话的孩子,让他站起来大声讲话。一开始声音不够大,鼓励他再大一点,再大一点,最后很大的声音,重复多次,这个孩子很快就敢于大声讲话了。

要通过行为确立新的形象。

5.

家长为自己设计的新品质,也是通过行为确立的。

无论是什么品质,有过几次行为,就会找到感觉,这种品质就在身上逐渐确立下来了。

这是立竿见影的事情,并不难。

只要有决心去行为,在行为过程中就把新形象确立下来了。

当你给自己设计了一个和蔼的家长

形象时，你不能老停留在自己的设计中。要在和孩子交往的行为中确立下来。

过去对孩子不够和蔼，不够耐心，不够欣赏，不够平等，今天，当孩子回家时，你用新的态度对待他，第一次非常感兴趣地倾听他讲一讲学校里的事情，第一次用过去没有用过的方法去欣赏他、夸奖他。这时候，你设计的家长形象就变成你的行为方式。

在新的行为方式中，家长的新形象就开始在你身上确定下来。

过去你做不到什么时候都面带微笑，今天走出家门的时候，见到邻居，见到小区的保安，上班见到同事，你自觉地用微笑对待大家。

经过几天的实践，你会发现，这个微笑的行为就把面带微笑的设计固定下来了。

慢慢养成习惯,你就多了一点福分。

所有对孩子的形象设计,包括家长对自己的形象设计,都可以通过想象体会确立法、描述确立法和行为确立法予以确立,把原来停留在概念上的形象设计,变成活生生的新自我,活生生的新孩子。

这就是第一个方法,叫"新形象确立法"。

二　心理暗示法

心理暗示法可以改变一个人的生理,也可以改变一个人的心理。

心理暗示法介绍了一些简单易行的操作技术,如怎样通过良性暗示增强孩子学习的兴趣与向上的积极性,怎样使孩子变得开朗大方,怎样使孩子关心父母,关心他人。

心理暗示法在家庭教育中,主要是五个方面:

智力教育;

非智力心理素质的强者教育;

健康、新健康观念的教育;

道德教育;

自在状态的引导。

了解了心理暗示法,希望你永远用良性的语言和暗示来引导孩子。

1.

中国孩子成功法的第二个基本方法，叫作"心理暗示法"。

在新形象确立法中我们已经用到了心理暗示法。

对于心理暗示，有的家长比较熟悉，有的可能比较陌生。

这里举两个例子说明。

曾经发生过这样一件事，一个人被关在冷库里，出不来，第二天被冻死了。

可实际上,这个冷库在他进入的那个晚上并没有开冷气,是个常温的地方。由于他认为这是冷库,是超低温之地,出不去肯定会冻死。这个观念的自我暗示就把他暗示死了,而且是以"冻死"的症状表现出来。

自我暗示是非常厉害的。

有这样两个人,他们都怀疑自己患了癌症,去医院做检查。但是医院把两个人的检查结果弄混了:没有患癌症的那位,医生告诉他检查结果是有癌症;有癌症的那位,医生告诉他检查结果是没有癌症。

过了几个月,两个人再去医院复查:有癌症的人癌症消失了;本来没有癌症的人真的长出了肿瘤。

医生这才发现,上次检查时将检查结果弄混了。

原来有癌症的那个人,因为检查结果显示没有癌症,心里特别高兴,该玩就玩,该吃就吃,该锻炼就锻炼,该工作就工作,情绪特别好,这样过了几个月,癌症好了。

另一个人本来没有癌症,但检查结果使他心理负担加重,吃不下,睡不好,愁眉苦脸,这样过了几个月,真的长出肿瘤了。

可见,心理暗示的作用是非常大的。

本来一个人并不困,但是身边有个人不停地对他说:你困了吧?看你的样子觉也睡得不够,脸色发暗,精神也不大好,你该休息啦。

说着说着,这个人就真的无精打采了。他困了。

这是语言的暗示作用。

请体会一下"微笑乐观",就会感到自己的表情因为语言的诱导受到影响。

再体会一下"心比天宽",就会发现心情立刻受到影响,这也是语言的诱导作用。

再默念一下"顶天立地",一下就感觉到身体有纵向拉长的感觉。

西方心理学家做过这样一个实验:选择了一位相貌比较普通又有些自卑的女学生,在她本人不知情的情况下对班上的男生说,你们现在开始给这个女孩子写信,称赞她的相貌,表达对她的喜爱。

经过不长的时间,这个女孩真的变漂亮了,而且还赢得了一些男孩子的爱慕。从照片上看,她与原来判若两人,变得很自信了。

心理暗示可以改变一个人的心理,也可以改变一个人的生理。

一个孩子本来很羞怯。一个偶然的机

会,在小区里大声向一位奶奶打招呼。

这位奶奶是退休教师,很喜欢孩子,经常带孩子一起玩。从那以后,她会常常有意当着孩子的面对别人说,宝宝特别大方,喜欢叫人。孩子的母亲也跟着这样说。

不到一个月的时间,原本羞怯的孩子彻底变了个样。在小区里玩耍时遇到熟悉的人,老远就会大声打招呼。

经常有家长这样描述自己的孩子:我这孩子胆小,认生。

孩子在这种暗示下,年龄增长了,胆小认生的毛病却不见改正。

正是家长的暗示助长和固化了孩子的缺点。

家长的这种错误暗示几乎随处可见。

2.

在家庭教育中,主要在五个方面对孩
子运用心理暗示的方法:

智力教育;

非智力心理素质的强者教育;

健康、新健康观念的教育;

道德教育;

自在状态的引导。

这五个方面都可以用心理暗示的方
法,使孩子进入我们为他设计的良好形象
中。

这种暗示是最简单的家庭教育方法。

心理暗示的方法用在家长自己身上同样可以。

在智力方面,要通过暗示使孩子相信自己是聪明的、有创造力的。

在心理素质方面,要通过暗示使孩子相信自己是坚强的、自信的、勇敢的、有社会适应能力的。

在健康方面,要通过暗示使孩子相信自己是健康的,越来越健康。

同时使孩子树立"健康光荣"的新观念。

对于孩子的道德状况,要这样暗示:我的孩子懂是非,愿意关心他人,具有关心他人的能力。

对孩子的自在状态,可以暗示孩子有学习兴趣,有学习的自觉性和向上的积极性,愿意自己管理自己的生活。

3.

对于不同年龄段的孩子都可以进行这五个方面的暗示。

第一年龄段的暗示,就是胎教。

科学研究表明,父母对胎儿所说的一切,对胎儿都有影响。

做母亲的也好,做父亲的也好,可以念念叨叨地对胎儿进行这种心理暗示:宝宝特别聪明,特别有创造力,宝宝特别坚强,宝宝特别健康,宝宝是个好孩子,特别爱学习,等等。

第二年龄段的暗示,就是对婴幼儿进行的催眠暗示。

在孩子还不太听得懂话的阶段,或半睡不睡的时候,家长对他进行这五个方面的描述,都会成为对他的暗示。家长在哄孩子睡觉的时候,可以这样对他讲:宝宝聪明,宝宝漂亮,宝宝勇敢,宝宝大方,宝宝健康,宝宝睡醒了以后更聪明、更健康、更漂亮。

第三年龄段的暗示,是对两岁以上的孩子使用的。

对于已经懂事的孩子,要运用明确语言的心理暗示作用。

在暗示的时候,要注意:

第一,语言要简练,不要那么长;

第二,语言要明确,不要暧昧模糊;

第三,语言要肯定,不要从否定的角度说。

所谓肯定,就是说孩子聪明。如果说孩子不傻,这叫从否定的角度说。

要从正面切入。比如说,你是好孩子,这是正面切入。

而不要说,你不是坏孩子,这叫从负面切入。

有了简练、明确、肯定的语言,再加上重复说,反复说,就能对孩子形成完整的心理暗示。

根据以上要点,家长自己要设计一套常用的语言暗示体系。

4.

在智力方面,特别要用暗示的方法培养孩子的学习兴趣和创造的积极性。

比如你的孩子叫大宝,你要经常这样说,大宝特别聪明,大宝爱动脑子,大宝爱发明,大宝特别有办法,大宝爱学习,大宝爱数学,大宝爱作文,大宝爱课外知识,大宝爱画画,大宝爱出各种各样的新主意,大宝比爸爸妈妈的主意还多。

要形成这样的对孩子智力开发有益的语言暗示短句。

在强者心理素质方面,也就是非智力心理素质方面也是一样的。

家长应该对孩子说:大宝勇敢,大宝什么都不怕,大宝爱讲话,大宝喜欢和人交往。

如果孩子现在还有些怯懦不太爱讲话,你要这样说:大宝实际上性格开朗爱讲话,就是这会儿暂时不想讲。

你不能说孩子胆小不爱讲话。

永远不能这样说孩子!

对比较开朗的孩子,要用良性的语言继续鼓励他。

对于这方面心理素质还不太好的孩子,也要用良性的语言引导他,而把他现在的懦弱表现真正当作一个"暂时"的现象。

这一点非常重要。

暗示就是用一个良性的词引导孩子朝好的方向发展。

孩子已经是强者了,要让他更强。

孩子现在是弱者,也要把他当强者对待,把他现在的弱当作暂时现象。

如果你的孩子是比较怯生的,你对人介绍时要这样说,大宝其实特别大方,特别勇敢,就看你今天能不能跟他合得来。

这样给孩子一个台阶,一种暂时的感觉,对方再主动逗一逗,孩子可能就表现出他的大胆来了。

永远不要把孩子的缺点、弱点作为一个稳定的事实来陈述,使它巩固下来。

描述是可以巩固一个形象的。家长永远不能用一种描述来巩固孩子的弱点和缺点。

而要用一种描述引导孩子从弱点和缺点中走出来,进入新角色。

同样,在健康方面,要这样说:大宝身体好,大宝抵抗力强,大宝不爱生病,这两天生病是因为天气变化太大, 不小心;大宝喜欢锻炼,大宝有什么不舒服休息休息就过去了。

就要用这样的短句使孩子走向健康,并建立健康新概念。

如果孩子现在不大健康,或者生来体质就有点弱也不要紧,把他的体质弱也当作一种暂时现象。

要这样说:我的孩子身体底子特别好,就是因为小时候没有照顾好,有一点病,以后会越来越好。又比如说,我的大宝今年身体比去年好,明年会更好。

永远把不好当作暂时现象,把好当作

根本现象、长远现象。

这样,健康的孩子会更健康,不太健康的孩子也能变得越来越健康。

对道德方面和社会适应能力也一样。

大宝诚实,大宝喜欢帮助人。

大宝会关心爸爸,大宝会关心妈妈,大宝会关心爷爷奶奶。

大宝对待同学都能关心,大宝还能想到给老师过生日。

大宝喜欢小动物,爱护小动物,如此等等。

这种道德教育是和孩子的社会适应能力结合在一起的。

比如说,大宝知道好坏,大宝知道什么人该帮助,什么人不该帮助。

大宝知道什么人需要帮助,什么人需要拒绝,大宝会判断人。

如果孩子比较大了,这种暗示就要向更加成熟的方向发展。

家长要这样说:大宝是有社会生存能力的人,善于关心社会,关心他人;大宝不仅有关心的善愿,还有关心的能力;大宝在这方面的表现越来越出色;如此等等。

如果孩子现在在社会适应能力和道德方面存在问题,同样,把这些问题当作暂时现象。譬如孩子这两天表现粗暴,抢小朋友的东西。遇到这种情况,你要批评,但是你也可以这样说:大宝平常特别关心别的小朋友,这两天有点走样了。

你要把他现在的任何毛病,哪怕是很顽固的毛病,说成暂时现象。

哪怕孩子有更不好的表现,比如说,孩子从小就没有好好教育,把他放在一个不理想的环境中养成很多坏习惯,如欺负人,品行不端,等等。即使这样,你对别人也要这么讲,我的孩子生来是非常好的孩子,只是有时候受了点坏影响,他很快就会改掉坏毛病的。

一定要这样去暗示孩子:从本质上肯定他是好的,把他的缺点作为暂时现象;而且这个暂时现象要归因于环境,而不能归因于他本人。

孩子打人、粗暴不讲理、说脏话时,你不能说:你真是个坏孩子!你真是个没有教养的孩子!不可以这样说。

而要说:大宝是个有教养的孩子,只是这段时间受到一些坏影响,改了就好。

一定要这样去描述。

5.

我们要从本质上肯定他是好的，把他的缺点作为一个暂时现象……

任何缺点和不足不能归于长远，不能简单地归于孩子本人。

这样做并不等于肯定他的缺点。首先肯定孩子的本质是好的，他的缺点是暂时的，是外界原因造成的，这样他才有改变的可能性。

永远用语言来肯定孩子好的东西，引导他向好的方向发展，而不去固定他的缺点和弱点。

对于自在状态同样也是如此。

要这样描述，你学习特别自觉，上进心强，兴趣爱好广泛。

你的生活愿意自己安排，抽屉愿意自己收拾，房间愿意自己整理。

你不愿意父母帮你干这干那。

别看你现在懒一点，其实你本质上不愿意别人替你做这做那。

我帮你收拾房间是我做得不对，其实你更愿意自己做。

对小一点的孩子可以这样描述，对大一点的孩子更可以这样描述。

要用正面的语言来暗示孩子，引导他愿意自己掌握自己的命运，自己管理自己的学习，自己安排自己的生活。

家长永远要这样，要不就少说话，一旦说话就在这五个方面不断地对孩子投入良性的引导和影响。

永远不能对孩子进行不良暗示。因为家长的一个错误暗示很可能影响孩子终生。

下面是家庭教育中常见的两个情景，请你判断一下，哪个是正确暗示，哪个是不良暗示。

情景一：

孩子：这次物理考试我没及格，老师让家长签字。

妈妈：我就知道你是榆木脑袋——不开窍！

爸爸：他就不是学理科的料！

情景二：

孩子：妈妈，这道题我不会做。

妈妈：再动动脑筋，这种问题肯定难不倒你！

(过了一会儿)孩子：妈妈，我想起来了。

妈妈：我就知道你是聪明的孩子。

三 欣赏、夸奖、鼓励、榜样法

欣赏、夸奖、鼓励、榜样,这八个字构成的原则本质上与心理暗示法相通,应该成为家长对待孩子的基本态度。

欣赏、夸奖、鼓励、榜样法告诉家长怎样一点一滴地发现孩子在各方面的优点;怎样发现孩子的进步,哪怕是最微小的进步;怎样在孩子遇到挫折时对孩子进行有效的鼓励;怎样为孩子找到可以效仿的榜样,从而增加孩子的自信心,提高孩子的学习能力。

家长永远不要失去对孩子任何一个欣赏、夸奖、鼓励的机会。如果一时找不到欣赏与鼓励孩子的机会,要尽可能创造出这样的机会,最大限度地调动孩子学习的兴趣与向上的积极性。

寻找孩子被夸奖、被欣赏的理由,是家庭教育特别高的艺术。

掌握了这门艺术,你一定会成为幸福的家长。

1.

牢记：欣赏、夸奖、鼓励、榜样

当你对孩子每一点值得肯定的东西都那么欣赏，都善于夸奖，在必要的时候都能给予鼓励，又能用适当的方法树立榜样，孩子没有发展不好的。

从某种意义上讲，这八个字概括了教子成才的全部奥秘。

总结人生，朋友们会发现，不仅孩子，全世界所有的人，无论男女老少，人人都需要欣赏和被欣赏，需要夸奖和被夸奖，需要鼓励和被鼓励,需要榜样。

做家长的哪一个人不需要这个?

当你恋爱的时候,如果得不到对方的
欣赏,有什么恋爱的幸福感可言?

一个年轻女性,没有男朋友或丈夫对
你的欣赏,你还有什么幸福感?

反过来,一个男性,没有女朋友或者
妻子对你的欣赏,你有什么幸福感、自豪
感?

如果劳动得不到夸奖:

妻子辛辛苦苦做好一桌饭,得不到夸
奖,还有做饭的热情吗?

丈夫为家里挣了钱、办了事,得不到
妻子的夸奖,还有幸福感吗?还有再创造
的热情吗?

如果艺术家们的作品没有观众和读
者的欣赏和夸奖,他们哪还有创作热情?

我们成年人都需要欣赏和夸奖。

你把工作做好了，没人欣赏，没有同事、上级的夸奖，你还有工作上那种高度的责任感和热情吗？

每个人的生活都是面向社会的，欣赏和夸奖原本是人类相互理解的最积极表现。

什么叫相互理解？不用讲得太艰深。理解对方的痛苦是一种理解，理解对方的困难是一种理解；在这个社会上最积极的一种理解，就是了解对方的优点和长处，能够欣赏和夸奖对方。

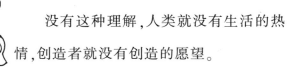

没有这种理解，人类就没有生活的热情，创造者就没有创造的愿望。

一个足球运动员射门了，没有人给他喝彩，全场观众麻木不仁，还有足球运动吗？没有了。可以想象一下，如果全世界的观众，无论是球赛的现场观众还是电视观众，对一切进球都保持沉默，还有球赛吗？没有了。

欣赏和夸奖在球场上就表现为热烈的掌声和欢呼。

对艺术家和明星表现出来的就是鲜花和赞美。

对创造天才表现出来的就是崇拜和赞扬。

对各种各样的创造表示欣赏和夸奖就是种种奖励和宣传。

不知道从小对孩子实施欣赏和夸奖的家长是失职的家长。

很多家长之所以在教子方面显得不聪明，就是因为不善于运用这一点。

总结那些成功的人，我们会发现一个规律：哪怕他的生活道路有再多的挫折和曲折，但在他的人生中总有人在欣赏他、夸奖他，或者在鼓励他，或者说他有榜样。

很多人成功，可能就因为从小母亲对他的欣赏和夸奖，或者成年后爱人对他的欣赏和夸奖，或者同伴和朋友对他的欣赏和夸奖。

大发明家爱迪生小时候学习成绩不好，经常有一些在老师看来很奇怪的想法和做法。在他上小学时，老师认为他弱智，并让母亲把他领回家去。

爱迪生的母亲没有文化，但她相信和理解自己的孩子，说：我的孩子并不弱智，他是个天才，只是你们不懂。

母亲持续不断的欣赏、夸奖和鼓励，

使爱迪生成功地走上了发明创造的道路。

所以，成功者一个特别的财富和幸运，就是他在人生的某些关口，受到了人们更多的、更及时的、更到位的积极意义上的理解，即欣赏和夸奖。

这种欣赏和夸奖有时只需要亲人中的一个人就够了。

如父亲欣赏夸奖我；母亲欣赏夸奖我；或者爱人欣赏夸奖我。

有的时候家长还会感奋于孩子对自己的欣赏和夸奖。

我的爸爸真棒！这一句话就使得爸爸特别来劲儿。

我的妈妈真好！这会让妈妈产生一种自豪感。

当你理解了欣赏、夸奖、鼓励和榜样的奥秘,就会发现,做家长其实是个简单的事情。

只是简单的道理常常很多人不知道。

有的时候你辛辛苦苦做了很多关心照顾孩子的事情,却对孩子无益。

一味地溺爱、宠爱,是送给孩子的最坏礼物。

父母对孩子的每一点欣赏、夸奖、鼓励,都会使孩子终生受益。

这样你就能明白,丈夫的成功往往有妻子欣赏和夸奖的功劳。

如果妻子只知道照顾丈夫的生活,可是每天还说一句话:你这人真没用!这个妻子根本不是好妻子。

妻子也可能很忙,没有时间过多照顾

丈夫,但是她每天见到丈夫,都能欣赏丈夫的创造,都能夸奖他,丈夫会由此得到无穷的力量。

反过来，妻子得到丈夫的欣赏和夸奖,效果也是同样的。

对大人尚且如此,对孩子更是如此。

如果你有一天没有对孩子表现出欣赏和夸奖,作为家长,你在这一天失职了。

懂得了欣赏和夸奖,那么鼓励是什么呢?当孩子遇到挫折的时候,没有达到最佳状态的时候,欣赏和夸奖就转化为鼓励。对孩子说：你明天一定会做得更好。

这就是用欣赏、夸奖他明天的方法来鼓励他。

鼓励在本质上就是对他明天的欣赏

和夸奖,是对他欣赏和夸奖的一种预支的方式。

什么叫榜样?榜样就是给孩子一个努力的目标,让他沿着榜样的方向塑造自己,更多地得到欣赏和夸奖。

2.

在五个方面都可以用这八字方针：欣赏，夸奖，鼓励，榜样。

智力方面，对孩子的学习、智力、创造性的任何一点优长之处，都要欣赏、夸奖。

欣赏、夸奖才能产生学习的兴趣和积极性。

很多成才的人从小家长并不管他具体的学习。

诺贝尔奖获得者丁肇中就讲过，从小

父母不管他，让他自由发展，结果他成了大科学家。很多成功者感激父母从小造就了他们学习的兴趣和积极性。

只有实施欣赏和夸奖才能使孩子真正有学习的兴趣，有向上的积极性。

在学习方面让孩子有兴趣，就要用欣赏和夸奖的方法：这个字写得好，这个画画得好，这篇作文写得漂亮，这个数学题解得好，这个课外知识掌握得好。

欣赏、夸奖必须到位。

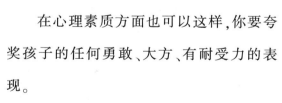

在心理素质方面也可以这样，你要夸奖孩子的任何勇敢、大方、有耐受力的表现。

不要说三岁、十三岁、十五岁的孩子需要夸奖、需要被欣赏，连家长本人，无论是二十多岁，还是三十多岁、四十多岁，都需要夸奖和被欣赏。

　　所以,对孩子一切心理素质好的表现要有不遗漏的欣赏和夸奖。

　　这个欣赏和夸奖是很有意味的,要真心欣赏,真心夸奖。

　　就好像夸一个人,这篇小说写得真精彩,这个策划做得真漂亮,这个创意真天才。夸孩子也是一样,这个孩子真聪明,这个孩子身体真健康,这个孩子心理素质真好,真大方,跟人交往的时候一点儿都不怯生。

　　如果孩子今天这个做法真好,要真正欣赏他,真正夸奖他,从而给孩子无穷的力量。

　　对于孩子的道德表现也要这样。

　　你看,这个孩子真能体谅人,看见爸爸累了,知道给爸爸倒杯水。

　　这叫对孩子的道德水准和关心别人的行为进行欣赏和夸奖。

对孩子的健康状态也要欣赏和夸奖。

我的孩子身体好，抵抗力强，很少生病；生病后很快就能康复，一点儿都不娇气。

我的孩子以健康为荣。

对孩子的自在状态要欣赏和夸奖。

具体内容包括：孩子喜欢学习，自觉学习，兴趣广泛；孩子有上进心；孩子喜欢自己管理自己的学习和生活，从不让家长操心。

在五个方面都要实施欣赏和夸奖。

当孩子做得不足时，用他明天有可能得到的欣赏和夸奖作为鼓励。

家长的天才全在于此。

我们认为，每天没有及时对孩子的表现欣赏、夸奖、鼓励的家长，是失职的家长,是不负责任的家长。

希望朋友们做尽职的、负责任的好家长。

一个好家长每天都需要问一下自己:

今天对孩子的智力方面有过欣赏和夸奖吗?

今天对孩子的强者心理素质有过欣赏和夸奖吗?

今天对孩子的道德状况有过欣赏和夸奖吗?

今天对孩子的健康状况有过欣赏和夸奖吗?

今天对孩子的自在状态有过欣赏和夸奖吗?

3.

那么，是不是什么都欣赏，连缺点也一块儿欣赏？不对。

欣赏和夸奖是有原则的，欣赏和夸奖的原则是两句话：该夸奖的、该欣赏的，要夸奖、要欣赏；不该夸奖的、不该欣赏的，不要夸奖、不要欣赏。

这两方面我们家长都可能犯错误。

不该欣赏、不该夸奖的，你欣赏、夸奖了，就是鼓励孩子犯错误。比如说，这孩子胡闹,不讲礼貌,打别的小朋友,如果此时你欣赏、夸奖他:我这孩子特有本事,隔壁家孩子比他大都打不过他。这叫不该欣赏、不该夸奖的你欣赏、夸奖了。你的家庭教育就会给孩子带来不良后果。

　　这种错误我们有的家长在犯。

　　还有一个错误是,该欣赏、该夸奖的你没做。

　　这个错误我们家长犯的可就太多了。

　　所以,该夸则夸,该欣赏则欣赏。不该欣赏、不该夸奖的,就不要欣赏、不要夸奖。

　　这是第一个原则。

　　可是,我的孩子现在没有什么可让我欣赏和夸奖的地方怎么办?

　　我想欣赏他、想夸奖他,可是他最近没有什么特别好的表现怎么办?

不可无缘无故地欣赏孩子和无缘无故地夸奖孩子。

要找到夸奖、欣赏孩子的理由。

这是第二个原则。

比如,孩子不爱学习,这是不能欣赏也不能夸奖的。

那怎么办呢?这时候,要制造孩子被欣赏、被夸奖的机会。

再不爱学习的孩子总会有一点点爱学习的表现。

例如孩子不太喜欢数学,可是他今天做出了一道难题。虽然这是他非常个别的一个表现,但是作为家长,要赶紧捕捉住,不要失去夸奖欣赏孩子的机会:哟,大宝其实在数学方面很有天赋。

又比如，孩子因为从小娇生惯养，不喜欢家务劳动，不关心父母，更不关心爷爷奶奶。你现在想改变他，可是他在这方面又没有值得欣赏、夸奖的地方。这时候就要制造一个理由，让孩子稍微得到一点表现的机会。哪怕他一开始并不十分情愿。

比如你说：奶奶今天有点不舒服，这个碗你帮着洗了吧。他可能嘟嘟囔囔不太情愿，可还是洗了。既然洗了，你就找到了欣赏和夸奖他的一个理由，这时候就要欣赏和夸奖他。特别是家里来了客人，一看小孩子在洗碗呢，你就说：我的孩子特别爱家务劳动，特别关心长辈。

这个欣赏和夸奖孩子听了会被感动，因为他从来没有听到过这种夸奖。

孩子可能在兴奋之余还稍感惭愧，他以后就会向这个方向努力。

寻找孩子被欣赏、被夸奖的理由,是家长应当掌握的一门艺术。

这个艺术其实对所有的孩子都特别灵验。

娇生惯养的孩子跌倒了就哭,改变这种习惯也要找到一个夸奖的理由。

例如孩子某次稍微绊了一下,不是那么痛,所以他没有哭。此时作为家长应该赶快抓住机会:你看,我的孩子真坚强,摔倒了都不哭,别的孩子有时候就不那么坚强,一摔就哭。

这叫寻找欣赏和夸奖的机会。

一个孩子,上幼儿园后经常生病。

家长通过家教学习才搞明白,孩子生病与自己对孩子的错误态度有关。

过去孩子一病,总是赶紧上医院,全

家人围着孩子转。每次一病,孩子都能得到很多"好处",于是,孩子经常以生病来逃避自己不愿做的事情,比如病了就可以不上幼儿园。

接受新健康观念以后,家长有意当着孩子的面对别人说:我的孩子身体特别好,一点都不娇气,即使生病也是一休息就好了。

慢慢地,孩子树立了健康光荣的新观念。

一个小学生,习惯于由妈妈陪着学习、做作业。

妈妈一天工作下来,再加上辅导孩子、做家务,常常感到非常疲劳。

有一段时间,姥姥生病了,妈妈要到医院照顾姥姥,爸爸工作非常繁忙,孩子只好自己完成作业,连听写也是通过录音机独立完成的。

妈妈回来以后，得知孩子这段时间的表现，非常受触动。

这位母亲很聪明，当即夸奖了孩子自觉学习的表现，而且不止一次当着孩子的面对外人讲：我的孩子长大了，学习特别自觉，再也不用我操心了。

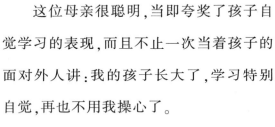

慢慢地，孩子真的养成了自己管理自己学习的习惯。

这样既解除了母亲的"陪读之苦"，又锻炼了孩子。

所以，善于制造孩子被欣赏、被夸奖的机会和理由，是运用八字方针的一个奥秘。

如果家长能够灵活运用"欣赏、夸奖、鼓励、榜样"这八个字，在引导孩子成才方面没有什么障碍不可超越。

不该夸奖的不夸奖，不该欣赏的不欣赏。

一个事物你不要批评，只要不欣赏、不夸奖，孩子就知道这个东西是不提倡的。

举个例子，你的孩子打了别的小朋友，你什么话也不要说，看他一眼就走了，不欣赏他，他已经知道这事做得不太对了。

该欣赏的、该夸奖的你都做了，孩子就知道什么该做了，同时孩子的积极性就调动起来了。

四 进入孩子思维法

实施正确的家庭教育,从根本上依赖于家长对孩子的理解。

　　进入孩子思维法主要是介绍与孩子相互沟通和理解的方法。

　　一、平等对话;

　　二、倾听孩子的自由谈;

　　三、共同游戏;

　　四、直接进入孩子的角色。

　　学会了以上方法,针对孩子的不同情况,聪明的家长还可以演变出无数方法,最终实现与孩子的相互理解,完成对孩子人生的正确指导。

　　希望你真正掌握进入孩子思维的方法。

1.

中国孩子成功法的第四个基本方法，叫作"进入孩子思维法"。

总结现代家庭教育，我们发现，正确的家庭教育和错误的家庭教育之间有一个重要的划分标志。这个标志就是：有的家长理解孩子，能够与孩子沟通，知道孩子想什么；有的家长不理解孩子，和孩子无法沟通，当然也就不知道孩子心里在想些什么。

正确和错误的家教有的时候就这么

一点点差别。

凡是对孩子实施了错误家教的家长，他总是在这一点上和那一点上不太理解孩子。

在我们举办的未来强者训练营中，根据调查表统计，百分之七十以上的孩子认为家长对自己好，但是家长不理解自己。

家长徒有关心，徒有照顾，却不理解孩子。

现代心理学、教育学的研究表明：家长的理解对于孩子的成长是至关重要的。

考察很多失败的家庭教育，发现一个共同的特点，就是家长对孩子有不理解的地方。

做一个理解孩子的家长，是使家庭教育走上正确道路的重要前提。

当代家长不理解孩子的主要表现是：

一、生活上过度的溺爱及无微不至的照顾。

社会调查显示,大多数孩子并不愿意接受家长过度的照顾。

可是许多家长并不了解这一点。

二、与溺爱并行的专制。

如对孩子的学习、交友采取管制的态度,遇事不愿意跟孩子商量,干涉孩子的选择,等等。

这种专制本来出于好意,可是孩子不堪忍受,对孩子的未来并不好。

三、在学习和课外兴趣的培养上对孩子实行强行塑造。

具体表现是:不考虑孩子的兴趣和承受能力,强迫孩子学这学那。

这种情况在当代的家庭教育中是比较普遍的,孩子往往也会十分逆反。

家长们不知道：强行塑造是违背人才成长规律的，必将极大地影响孩子未来的成功。

四、很多家长不了解孩子心理健康方面的问题，特别是性心理方面的健康问题。

调查表明，中小学生有心理行为障碍的占相当高的比例，如焦虑症、强迫症、恐怖症等。

很多家长在谈性色变和对孩子严加看管的同时，却不知道性心理健康的基本知识和重要性，不知道孩子的性心理问题常常来源于家长的错误教育和引导。

五、家庭关系的错误设置与安排。

每一位家长都应该考虑一下，孩子在家庭中的位置对孩子的成长是否有利，孩子自己是否满意这样的位置。比如，父母高压督促，爷爷奶奶溺爱，几代人把生活重心和希望全部寄托在孩子身上，就是对孩子未来发展非常不利的位置。

六、对孩子的人际交往与社会生活进行各种错误干预。

具体表现有：偷看孩子的 QQ 聊天记录，偷查孩子手机微信，等等。

很多中学生对家长在这方面的干预有意见。

孩子觉得家长不信任他们，不理解他们。

2.

那么,造成家长不理解孩子的原因是什么呢?

主要有五个方面:

一、因熟视而无睹;

二、忽略了与孩子年龄的差距;

三、忽略了与孩子文化代的差距;

四、强行塑造的主观主义;

五、主观主义的家庭结构。

以上五个方面,希望能引起所有爱孩

子、关心孩子未来的家长警醒。

正是这五个原因,造成了社会调查中百分之七十以上的孩子认为"家长不理解自己"这样一个严重后果。

不了解和不理解孩子,几乎是家庭教育诸种症结的根源。

而善于了解和理解孩子,则是家庭教育摆脱盲目性和无效劳动的唯一途径。

所以,谁想做一个聪明的家长,做一个对孩子有良好指导的家长,从现在开始就要成为了解和理解孩子的人。

事实上,掌握了正确的方法,了解和理解孩子并不难。

首先,家长要从内心深处认识到,自己在一定程度上对孩子是不够了解的。

这一点非常重要。

然后,还要逐步放下年龄和文化代的差距,放下强行塑造的主观主义,放下家长绝对权力的主观主义。

许多家长都容易忽略的一个事实,就是与孩子年龄的差距。

一个小孩子坐在雨后的泥水塘边玩泥巴。他正在想方设法把泥巴捏成一个小人儿,或者一个小动物,他也可能正学着家长的样子做饭。

孩子在自由地想象,自由地创造,他很快乐。

这时候家长走过来说:那泥多脏啊,那水多脏啊!有什么好玩的?给我回家去!看,我还得给你洗衣服。

家长忘了,自己小的时候经常喜欢雨天在外面玩耍,经常喜欢到池塘里捉泥鳅。

忽略了与孩子的年龄差异,使家长显得粗暴无理和愚蠢。

这样的家庭教育必然是失败的,因为家长无意中打击了孩子创造的兴趣和积极性。

家长只承认与孩子年龄的差距还不够,还要承认与孩子所处文化代的差距。

家长们成长的年代,崇拜的对象可能是科学家、艺术家、政治家;可是现在孩子们的偶像更多的却是歌星、影星和球星。

文化代的差距使很多家长不理解孩子,不接受孩子。

而这种不理解和不接受常常造成孩子与家长的心理距离。

强行塑造和主观主义给孩子带来的危害是显而易见的:

就好像让刘翔去跳水,让郭晶晶去跨栏,结果会失去两个世界冠军。

让孩子从事一项不符合自己专长和

自己不感兴趣的工作,是很难获得人生成功的。

　　家长经常对孩子犯这样的错误。等到孩子长大了,终于可以自己选择学习和生活的内容时,已经错过了最佳成长期,留下终生的遗憾。

　　综上所述,只有把年龄的执着、文化代的执着、强行塑造的主观主义、家长的绝对权威都放下了,家长才可能真正了解孩子,体验到孩子的思维状态,才能对孩子实施正确的指导。

3.

进入孩子思维的方法，说复杂，其实也简单。

第一个方法叫作"平等对话"。

"平等对话"这个词人们并不陌生，可是做起来却不一定容易。

朋友们可以想一想，你平常和孩子说话是平等的吗？是坐在一起你一句我一句聊天的吗？是你一句我一句商量的吗？是你一句我一句有问有答的吗？是孩子请教你，你也请教孩子吗？是孩子尊重你，你也尊重孩子吗？是孩子听你的,你也听孩子的吗？

平等对话的关键在于对话之前不要给孩子施加压力。

要让孩子在完全松弛的状态下,用最愉快的心情、最自由的方式和你谈话。

比如可以问一下孩子,你最近为什么对网络游戏这么上心呀？

你为什么这么喜欢某个歌(球)星啊？

而不是上来就说:你怎么总沉迷在网络游戏中,不好好学习!

这个歌(球)星有什么好崇拜的,你怎么不崇拜比尔·盖茨？

不要从一开始就对孩子强行干预,这样家长才能了解孩子的素质、特点、兴趣和爱好。

并且在此基础上实现事半功倍的正

确指导。

有很多人大学毕业以后还在抱怨一件事情,就是父母在他们报考大学时替他们做出了选择,这种选择导致他们至今不喜欢自己所从事的专业。

虽然人生的选择不能完全凭兴趣出发,但是如果学了四年还没有培养起兴趣,肯定说明这个专业选择是一种偏差。

而孩子本来是拥有一定的选择权的。

在平等对话的基础上,第二个方法是"倾听孩子的自由谈"。

有了平等对话的基础,但对话到一定程度孩子才能自由谈,想说什么就说什么。

家长如果貌似平等但还是自己话太多,则仍不行。

这时家长要学会倾听。倾听的时候,

为使孩子能够不断自由倾吐,还要加以欣
赏。

孩子讲学校的事情,议论某个老师,
评价某位同学,谈论最新的网络游戏,都
可以。

他是自由谈,你倾听时带着欣赏的微
笑、理解的微笑,使孩子愿意和你谈,觉得
和你谈比和任何人谈都有意思。

做到这一点就是了不起的家长。

第三个方法叫作"共同游戏"。

当孩子很小的时候,家长还知道和他
一块儿玩玩具。

孩子大一点了,共同游戏没有了:孩
子玩网络游戏的时候,你在搞案头工作;
孩子踢球的时候,你在忙着社交;孩子游
泳的时候,你在做生意。

总之,你和孩子没有共同的游戏。

实际上，共同游戏是使你和孩子成为朋友，又使家长年轻化，在工作中有创造灵感的一个很便捷的方法。

一些年纪很大的儿童作家都是孩子们的朋友，经常和孩子一起做游戏。

天才的创造来自于儿童的思维方式。

很多大科学家、大艺术家都是孩子的大朋友。

进入孩子思维的第四个方法是"直接进入孩子角色"。

用想象体会的方式一步进入孩子的思维，用孩子的眼睛观察世界，用孩子的心灵感受世界，用孩子的语言描述世界，用孩子的想法去判断世界。

想象自己就是孩子，包括模拟孩子的动作、语气和表情。

不了解孩子主要是没有做到设身处地。

这种一步到位进入孩子思维的方法就叫作设身处地、身临其境。

不要说你就是你,大宝就是大宝。哪一天你想象你就是大宝,你会突然领会孩子的思维与你做家长的思维差别很大。孩子的每一个行为都有他自己的思维角度。

你本来觉得孩子不大,才上初中,他的聊天记录和手机微信,你有权力查看。

可是你如果站在孩子角度上想想,会感到很屈辱。

同学给孩子打来电话,你这屋有分机,你觉得拿起来偷听一下没什么,这是家长对孩子负责。他是个男孩,为什么总有女同学给他打电话?

可是如果你和孩子换一换位置,你一

定会感到不被信任和尊重。

要经常站在孩子的角度想一想,体会一下。

你也有过当孩子的阶段呀,人是可以进入童年、少年和青年阶段体会一下的。

我就是我的孩子,我现在是中学生。比如说我是个男孩子,我有我的好友,我有我的爱好,我喜欢网络游戏,我喜欢足球,我喜欢某一个歌星。

我穿衣戴帽和同学们有某种比较,我喜欢这个品牌。

孩子有一整套思维,有一整套处境。

他的每一个做法在同学和环境中都受到一种评价。

不进入孩子的角色,你怎么能了解他?

你怎么知道他为什么喜欢穿这种服装？你怎么知道他穿这种服装到学校以后同学们会怎么赞美和惊讶？

这些你都不了解，你就是一句话，穿这种衣服像什么样子？

你有什么权利武断地下结论？你有什么权利剥夺孩子自由思维和自由选择的权利？

孩子的思维有的时候一步就能进入，家长应该试一试。

孩子上初中了，今天不在家，你穿上孩子的衣服，在家里像孩子一样玩一会儿，用孩子的表情说说话，甚至用孩子的表情笑一笑，躺沙发上懒一懒。

你会突然发现自己过去对孩子的了解与孩子的真实状况不是一回事。

孩子有孩子特殊的角度。

　　有的时候家长可能在一个很小的事情上伤害了孩子根本的感情,使孩子和你产生距离。他在理性上知道你对他好,可在感情上却不愿接受你。

　　他的心灵只对他的同学敞开,而不对父母敞开。

　　绝大多数高中生的第一谈话对象是同学,而不是父母。

　　到了大学,交流基本上在同学间进行,很少与父母交流。

　　孩子回家了,父母只知道问,学习怎么样?考了第几名?在学校吃什么?还要多少钱?这种谈话还有什么意义?还有什么意思?

　　所以,进入孩子思维,从平等对话、倾听自由谈、共同游戏,到进入孩子角色,身临其境,这是一种艺术。

学会这种艺术并不难。只要想做,就能做到。

否则人们就不能理解,为什么一个年纪很大的作家写儿童故事写得挺像。

因为他能够进入孩子的思维,知道孩子怎么想,孩子也就爱看他的作品。

那么大年纪的人都可以进入孩子的思维,你就不能进入吗?

当然可以,关键是要掌握这门艺术。

4.

　　对于不同年龄段的孩子,可以有不同的进入方法:

　　对于年纪特别小的孩子, 要多观察。经常有这样的情况,孩子入睡前因饥饿而哭闹,家长一通申斥和说教之后发现,孩子只是饿了,或是玩得太累了睡不着。

　　这种观察还可以引申到对孩子的兴趣、爱好和天赋的发现,从而避免盲目的家教投入。

及时发现孩子的弱点及其形成的原因,有助于家长帮助孩子克服它。

对于年纪稍微大一点的孩子,要耐心询问。

孩子本来胆子很大,突然有一天开始害怕小虫子,经过询问才知道,白天玩耍时,一个大孩子恶作剧,把虫子放在孩子衣服里面,并且吓唬他。

告诉他小虫子不可怕的道理,从此孩子便不怕了。

孩子不爱学某一门功课,可能是学习方法不得当,也可能是积极性被老师的一次批评挫伤了。如果是前者,家长需要帮助孩子掌握正确的学习方法;如果是后者,家长可以配合老师,对孩子实施欣赏、夸奖、鼓励,使孩子重新恢复学习的兴趣。

这是解决家长陪读之累的根本方法。

年纪再大的孩子，可以采取聊天甚至向他请教的方式。

比如，孩子特别喜欢某一部动画片，以里面的人物为精神偶像。家长可以看一下这部动画片，然后，与孩子讨论人物的性格、品质，包括探讨情节发展的合理性。这样逐步把孩子的偶像崇拜引导到对人物性格、品质的欣赏和理解以及文学创造的想象力和热情上。

孩子喜欢玩网络游戏，家长向孩子请教玩的方法，就会发现网络游戏对孩子智力发育有利的一面，如锻炼孩子的反应能力、判断能力；同时也知道，如何使孩子避免其不利影响，比如帮助孩子选择好的游戏，教会孩子自己控制玩耍的时间等。

对于青春期的孩子，家长更要做真正

意义上的朋友,才能了解孩子在这个年龄段的生理和心理发育状况,实施更好的指导。

青春期被心理学家称为"第二反抗期",也被称为"心理断乳期"。

这些称谓充分反映出青春期教育的难度和重要性。

这个时期家长的任务是双重的:不仅要关心孩子的身体发育、学习状况,更要关心孩子的心理发育、情感体验,使孩子健康、顺利地走向成熟和自立。

做孩子的朋友在这个阶段显得尤为重要。

主要表现是:用朋友的眼光看待孩子,用朋友的态度对待孩子,用朋友的话语启发孩子。

如果家长在孩子成长的各个时期都

做到了与孩子平等对话,倾听孩子的自由谈话,与孩子共同游戏,进入孩子的角色思考和处理问题,家长必然能够充分地了解和理解孩子,同时也能得到孩子的理解与尊重。

掌握了以上方法,在进入孩子思维方面,聪明、用心的家长可以针对孩子的具体情况演变出无数方法,最终实现与孩子的相互理解,完成对孩子人生的正确指导。

五 冲突化解法

孩子跌倒在地上不赶快爬起来,反而大声哭闹,这是一个错误的逻辑。遇到这种情况,家长该怎么办呢?应该用逻辑中断法,告诉孩子自己跌倒应该自己爬起来。

这样的逻辑重复几次,孩子再跌倒时就不会哭闹了。

虽然我们主张对孩子和蔼平等,可是再和蔼平等的家长都会面临孩子的无理要求、无理行为,这时不教而诛是错误的,但无原则地退让也是错误的。

这就需要实施原则坚持法。

当家长和孩子发生冲突,形成明显的僵局时,还可以用别开生面法。就是用新颖的、跳出你和孩子冲突点的方法来解决冲突。

还有一个方法叫作简单格言法。把道理概括为一句简单的格言。如"红灯停,绿灯行",如"有了礼物分给小朋友一半"等,并使这些非常简单的生活准则进入孩子的潜意识,成为孩子必须遵循的行为准则。

冲突化解法将这些方法的运用进行了深入浅出的讲解,相信对你掌握正确的家教方法会有很大的帮助。

1.

在生活中,任何一个家长都会遇到与孩子发生冲突的情况。而冲突的时候,有可能孩子是错误的,欣赏不得,夸奖不得,打和骂又不对,家长没辙。

如何解决这个问题,就要用到冲突化解法。

冲突化解法的第一种技巧叫作"逻辑中断法"。

孩子在智力方面、心理素质表现方

面,在健康方面,在行为能力、道德表现方面,有了不良的、错误的表现,不符合我们对孩子的形象设计,这时候,首先是中断他错误的思想行为逻辑。

一个很大的孩子跌倒了不赶快爬起来,又哭又闹,这是一个错误的逻辑。

孩子的逻辑是什么呢？就是,我跌倒了,家长应该扶我起来。

中断这个逻辑很简单,就是一个正确态度的明确表达,"自己跌倒应该自己爬起来"。

必须中断他原来的逻辑。

也可能一次逻辑中断并不能有效地完成根本的扭转,比如你说完这句话就走了,但站在一边的奶奶把他扶起来了。即使这样,你已经在一定意义上把孩子旧有的逻辑中断了。

下次孩子跌倒的时候,你又说"自己跌倒应该自己爬起来",中断孩子原来的逻辑。

说完这句话你走了,旁边没有爷爷奶奶,他自己就爬起来了。

又比如,孩子遇到了难题,不愿动脑筋,每次都说,爸爸我遇到一个难题,或者妈妈我遇到一个难题,怎么做呀?

孩子的逻辑是"只要不会就问父母"。这个逻辑要中断它,应该对孩子说:不会的问题再多动动脑筋。

也可能孩子动了半天脑筋还是没做出来,你这时要启发、辅助他一下,但是他的逻辑毕竟在一定程度上中断了。

在你的帮助下,孩子把题做出来了,此时你应该夸奖他:太棒了,这主要还是你自己动脑筋做出来的。

这在一定程度上中断了他旧有的逻辑。

如果孩子的行为道德有错误,如骂人打人,不讲公共秩序,那么,要明确中断他旧有的逻辑,不能让他觉得打人骂人算不上什么错误。

你要告诉他:好孩子不应该有这些不文明行为。中断他旧有的逻辑。

在健康方面,有的孩子比较娇气,稍有不舒服就叫:哎呀,我肚子痛,走不动了。有的孩子有这种弱者状态。

孩子旧的逻辑是什么?"我稍有不舒服,就唉声叹气;我一唉声叹气,爸爸妈妈就哄我,我就得胜回朝。"

这时候要中断他的逻辑,你可以这样说:不要紧,笑一笑,拿手按摩一下肚子。

他可能真就不要紧了。

总之,在我们所说的智力、非智力心理素质、道德、健康、自在状态这五个方面,孩子有了错误的行为表现,是因为他旧有的逻辑。这个旧的逻辑可能是社会给予的,也可能是我们的家庭过去给予的。

使用逻辑中断法要遵循两个原则,一是中断孩子过去的逻辑，提供一个新的、正确的逻辑。

二是家长不应急于通过一次中断旧逻辑、建立新逻辑而根本改变他的缺点和错误。

但坚持下来,一而再、再而三地努力,一定会获得成效。

2.

遇到孩子有不良的表现时,处理问题的第二个技巧叫作"原则坚持法"。

虽然我们不主张家长打骂孩子,主张对孩子要和蔼平等, 还主张对孩子欣赏、夸奖、鼓励,可是,再和蔼、再平等的家长都会面临孩子的无理要求、无理行为。

这时候,不教而诛是错误的。

你不教育,不讲明原则是什么就惩罚孩子,是没有道理的。

这是一个失职而又粗暴的家长的做法。

反过来,对孩子的不良倾向、错误思维、无理要求一味退让,不坚持原则,用溺爱的态度对待他,也是没有道理的。

这是又一种错误的举措。

家长要做的事情是:

首先,原则是明确的,过去曾经对孩子反复讲过。

现在孩子做错了事,要明确地重申一次原则。

然后,一般情况下不应该退让。

比如你讲过,人要守信用,说到做到,这是个原则。孩子说过的话没有做到,意志品质差,受到外界的诱惑后没有做到自己允诺的事情,这种表现应该说是错的。

这时候你要重申一点:你保证过了,

不做到是不对的。

这就是重申原则。

重申原则以后,孩子可能还坚持他的无理要求。

作为家长,只要你的原则确实是正确的,态度应该如此:一方面,和蔼,不发脾气;另一方面,坚持,不退让。

你如果不和蔼,发脾气,是错的。

你如果退让,也是错的。

对于很小的孩子,按时睡觉是保证其健康必须遵循的原则。

那么,他到了晚上 12 点还要看电视,就破坏了这个原则。

你就要重申这个原则。你可以和蔼,不发脾气,但是不能退让。

　　常常还会遇到一些很难处理的情况。比如说,虽然家长和蔼了,可是由于你的坚决不退让,你与孩子形成僵局,这时候,还有通融的办法。

　　这种通融主要针对那些年龄比较小,确实还难以晓之以理的孩子。

　　年龄大一点的孩子最终总要以互相商量的方式达成共识。

　　比较小的孩子在性格上很冲动,你不让他在 12 点以后看电视他就一直哭闹,你倒是挺和蔼的,不打骂,把电视关了,或把电源拔了,或把房门锁了。

　　可是孩子很冲动,这时候要找到通融的方式。

　　这种通融的方式总的来讲,叫作"局部的退让,整体上的不退让"。

　　僵、僵、僵,你说不让看,他非要看。明

明他要看一个小时，你就是不让看一分钟。僵在这儿了。你说：好，再看五分钟吧。然后你一生气，走了。

孩子再看五分钟，自己回房间睡觉去了。

这种"局部的退让和整体的不退让"，有时候是通融解决问题的一个非常自然的方式。

孩子觉得你没有退让，可是孩子也找到了一个台阶。

有的时候可能比这个还难解决。

他要看一个小时，你只让他看五分钟。如果他回去睡了，不失为解决问题的一种方法。

可是，这是一场重要的球赛，他非要看完不行。

你的"局部退让，整体上不退让"不能够解决问题了。

这时候,万不得已的方法叫作"实际上退让,名义上不退让"。

你可以这样告诉孩子,明天一大早要起来上学,12 点以后还看电视,对于一个学生是不应该的, 而且你答应过遵守这一条。今天你怎么说我都不同意你看电视。

然后,你就出门办事了。然后,他就偷偷看了。

等你半夜一点钟回来时,他已经钻到被窝里,装着什么也没看。

这是你坚持原则在一定程度上的胜利。

孩子虽然偷偷看了电视,但他觉得自己不对,觉得家长没有妥协。

他以后再这样做的时候,就得考虑考虑。

　　对于再和蔼、再平等的家长,有些时候为了使孩子确实改变一些不合理的、无理的行为和要求,原则坚持法是必不可少的一种柔中带刚的措施。

3.

对待更复杂的问题还有一个方法，叫作"别开生面法"。

有的时候家长的教育和孩子的行为思维逻辑发生了对立和冲突，是一个明显的僵局。而想解开这种僵局用逻辑中断法不可以，原则坚持法也不可以。

这时候就要用到"别开生面法"。

就是用新颖的跳出你和孩子冲突点的方法来解决冲突。

有个小学生不太喜欢作文,暑假她写了两篇作文。有一天,她父亲把她领到我这儿来,说:你给叔叔念一下作文。他想通过让孩子念作文鼓励鼓励孩子。

孩子说:我不念。

父亲说:你念吧,叔叔又不是外人。

她还坚持:我不念,要念你念。

这时候,家长的意图和孩子的行为逻辑发生了冲突。

家长的意图无疑是正确的,想让孩子锻炼锻炼。

但是孩子就不念。孩子的这个行为逻辑应该说是不好的,因为她羞怯,不好意思,怕自己写得不好,过去又不喜欢作文,结果和家长发生冲突。家长说念,孩子就是不念。

我这时也说,你念给叔叔听听。她还是不念。

这就是一个僵局。

如果你遇到这种情况怎么办,是硬性要求孩子念吗?

这个强迫不得,因为孩子没有犯什么明显的道德错误。

如果你说:"不念就不念,算了,真没出息!"这样会使孩子继续不喜欢作文,继续不敢在公开场合念自己的作文,继续不敢在生人面前做大胆的陈述,性格素质和学习都受影响。

家长和孩子经常会发生这种冲突。

在这种时候,靠坚持原则是没有用的。

虽然你正确,但是原则不能用坚持的方法来实现。

这时候要跳出那个冲突。

我当时是这样办的,我说:你念第一

句,我就能知道你第二句是什么。

　　孩子一下就好奇了,她已经忘了刚才和爸爸"让我念、我就不念"这个对立了,也忘了她不敢念这个心理了,她的注意力完全被转移了。"我不信。"孩子拿起作文就念了第一句,"我背着旱冰鞋和爸爸一块儿来到了旱冰场。"

　　底下我说:"我看到",果然是这三个字。

　　她问:你怎么知道的?

　　我说:我就是知道,你再往下念,我还会知道呢。

　　她哗哗一口气就念下来了。

　　这就是别开生面。

　　跳出"你念我不念"的僵局,用另外一种方法,提出另外一个方案来解决问题。

　　天下很多复杂的外交谈判就是这样解决的。我们和孩子的冲突有时候也是一种外交僵局,要别开生面,提出新思路,使双方从原来的僵局中走出来,形成新的合作。

孩子念了,这是孩子合作的表现。

然后我的表现呢?我说:你念得真好,这篇作文写得真好。

我连声地夸奖她,让她爸爸回去也夸奖她。

我想这个孩子由此可能就会比较喜欢作文,因为她会想,一个作家都夸奖过我了。

结果,那天她又念了第二篇作文。

这样就解决了两个问题:第一,由不喜欢作文到喜欢作文;第二,由不敢大声对外人表达自己的观点,变得勇敢了。

一个别开生面的解决矛盾的方法,再加上及时的欣赏和夸奖,使孩子在一天之内解决了两个问题。

可是如果你这样解决问题：算了算了，不念算了，真没出息。

完了，这个孩子从此失去两个机会。以后你再让她念，她还是不念。

家长以后也不敢让她念了，因为家长失败了。

又比如孩子穿衣服的问题。

寒流来了，该添衣服，孩子因为爱美不肯多穿。

这是孩子与家长经常发生的冲突。你要他穿，他就是不穿，要不就不起床。这时候，家长千万不可在这个逻辑中，穿，不穿，穿，不穿，一巴掌打下去。不要这样，要跳出来。

有很多跳出来的方法，这是随机应变的。

你可以让孩子先到阳台上站一站,感觉感觉。

他到阳台上站了一会儿,不说什么了,吃过早饭,穿上厚衣服走了。

事情需要这样解决,而不需要靠一巴掌来解决。

这叫别开生面解决问题的方法。

又比如,你说:那个小朋友在路边哭,你去帮帮他。他说:我不去。你说:你怎么这么不懂事呀,去不去?他说:不去。

这又是个僵局。

面对这种僵局,当你的坚持达不到目的时,不要固执于这个坚持,最后以和孩子闹僵、训斥孩子为结束。这样不好。

"你不去,那爸爸去,你等我一会儿。"或者,"你帮我拿东西,我去。"

回来以后你对他说：我去帮助小朋友，你帮我拿了东西，咱们一块儿帮助了小朋友，没有你帮助我，我也帮助不了他。

这个感觉挺好，也叫解决矛盾的方法。

要跳出一个僵局的逻辑，别开生面，想出新的思路。

当孩子不接受大人的指导，与大人发生冲突时，只要这个冲突不是根本的道德问题，都可以用别开生面的方法来解决。

而当孩子接受了你的指导，要及时地欣赏和夸奖。

跳出这种非此即彼的对立僵局，是解决天下各种复杂问题，外交上的也好、工作上的也好，一个特别重要的艺术和方法。

推而广之，可以用在人生的方方面

面。

做学问的人，搞外交的人，做生意的人，都可以找到这种方法。

很多科学难题、外交难题、经济难题，有时都需要用这种方法来解决。

别开生面不只是教育孩子的方法，更是思维能力最高超的一种表现形式。

家长因为不懂得这个方法，有时候会和孩子形成一个僵局，这个僵局等于死局。这个死局最后以家长训斥孩子，以家长的失败和孩子的失败——双方共同的失败而告终。

孩子没能念作文，是一种失败。家长没能让孩子念作文，也是一种失败。

孩子是人生的失败。家长是教育的失败。

就像一场外交谈判，最终形成僵局，没有谈判成，双方都失败了。

其实孩子和父母发生争执的僵局与外交僵局是一样的。

一方坚持一种态度不退让，另一方也坚持原来立场不退让。

这时如果有一方别开生面，跳出原来的冲突点，提出第三种思路，问题可能就解决了。

做事也一样。

你提出一种方案我说不行。我提出一种方案你说不行。

争执不休形成僵局。

这时如果有一个人高明一点，善于别开生面，跳出两种方案争执不休的僵局，提出一个新思路，问题可能就迎刃而解了。

解决死局和僵局,是高深的哲学问题和高深的生活艺术问题。

用古代的话讲,就是禅。

现在社会上流传着很多禅书,真正的禅是什么呢?

我让孩子念作文的方法,就是禅。

禅就要跳出逻辑冲突,随机应变。

否则,我提个问题你就回答不了。

你是愿意当小偷呢,还是愿意当强盗?二者必居其一。

你两个都不愿意当,所以没法回答。

这叫僵局、死局。

你跳出这个僵局,就有一万种回答问题的方式。

其中有一种回答就是,我觉得你提的这个问题毫无意义。

还有一种回答,我不知道你提这个问

题的出发点是什么？

可是你要陷在他设定的非此即彼、二必选一的问题中，你就得不到正确的结论。

因为他的问题本身是一个逻辑冲突的死局。

许多人的思维错误就在于不知道超越这类问题。

在遇到一个问题之后，被套在问题里面。

他应当先问一问，这个问题本身是什么意思。

禅宗有一个公案：

假设一个禅师，用嘴叼着一根树枝悬在半空中。树很高很高，他手里拿着东西，只好用嘴咬紧树枝，防止掉下来。这时候底下有一个人问：佛祖西来，旨意如何？

对这个问题禅师不能不回答,要不他就不是禅师。

可是如果他回答了,肯定会摔下来。

现在问禅师该怎么办?

又是一个死局。

如果陷入这个问题:不回答就不是禅师,回答又要掉下来。

你就陷在两种选择的逻辑冲突中走不出来。

这时,你同样要跳出来,别开生面。

当别人向你提这个问题时,你可以这样回答:我想知道这个禅师上树之前在干什么?

你就没有陷在对方提出的问题之中。

就好像我问你是想当强盗呢,还是想当小偷?

你说,这个问题提得没有意义,我两

个都不想当。

可是你若必须选一个,就很荒唐了。

所以,必须跳出原有的逻辑,别开生面。

别开生面法是非常有效的。

当它与逻辑中断法、原则坚持法结合在一起的时候,可以解决几乎一切与孩子错误行为倾向发生冲突的矛盾。

4.

　　在新形象确立法，心理暗示法，欣赏、夸奖、鼓励、榜样法，逻辑中断法，原则坚持法，别开生面法中，同时都可以结合一个方法，叫作"简单格言法"。就是把道理、原则、结论概括为一句简单的话，越简单越好。

　　简单格言是特别有力量的。

　　比如"红灯停，绿灯行"，这是关于交通安全常识的一个简单格言，五六岁的孩子都会背。你要说得复杂就不好了:过马路的时候,遇到红灯就不要走,遇到绿灯就赶紧走。

"红灯停,绿灯行"就是简单格言法。

"自己跌倒自己爬起来" 也是简单格言法。

你如果说一大堆:"人都难免摔跟头,摔跟头肯定是很疼的,疼的时候你也不要怕,自己爬起来,爬起来就是好孩子。"这样啰唆,不好,没力量。

西方有一句教育孩子的格言:"有了礼物分给小朋友一半。"

很多有成就的人一生中受益于几句格言,其中有一句就是"有了礼物分给小朋友一半"。

还有一句格言是"饭前要洗手"。

还有一句格言是关于礼貌的:"客人

来了要问好。"

就是这些非常简单的生活准则，使孩子懂得了基本的行为规范和行为准则。

家长要善于把正确的行为准则变成简单的格言灌输给孩子。

比如说：

健康光荣。

遇到事情替别人想一想。

遇到不会的问题多动脑筋。

自己的事情自己做。

脑筋越用越灵。

一会关心自己，二会关心别人。

发明来自灵机一动。

快乐从感恩开始。

我曾经把"字是男人的一半相貌"送给儿子，儿子从此就十分注意写字了，字也写得好了。家长辛辛苦苦教孩子写字，

最后还要给一句话，这句话深入孩子内心。

如果是个男孩子，就可以这样告诉他，"字是男人的一半相貌"。就这么简单的一句话，孩子印象深刻。因为它是家长和孩子共同的道理，孩子也能接受。

家长就应该这样当。

掌握了前面五个基本方法，家长就可以解决教育孩子过程中遇到的绝大多数问题。

这些方法要善于运用，它们是家庭教育必不可少的方法。

六　未来强者心理重建法

一个不能明白无误地表达自己意愿、感受、态度的人，是缺乏社会生存能力的人。

未来强者心理重建法推出的第一个方法是"大声讲话法"。

第二个方法是"交还权利法"。

一个孩子八九岁了，家长还把他的一切都管起来，就是剥夺了他关心自己的权利；一个孩子十多岁了，还不让他去关心父母、关心他人，这就是剥夺了孩子关心他人的权利。

随着孩子的成长，怎样逐渐地、有指导地把这两个权利交还给孩子，是家长应该掌握的一门家教艺术。

为了增强孩子的生存能力，增强孩子对社会的适应能力，提高孩子的心理素质，使孩子学会关心他人、关心自己，未来强者心理重建法推出的第三个方法是"角色置换法"：就是用适当的方法使孩子与家长的角色互换，这样有利于双方的沟通与理解。

爱心的培育对孩子的未来有着极为重要的意义。第四个方法是"爱心培育法"。

1.

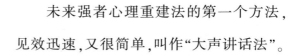

　　未来强者心理重建法的第一个方法，见效迅速，又很简单，叫作"大声讲话法"。

　　大声讲话是克服心理素质缺陷的有效训练手段之一，也是提高社会行为能力、社会生存能力的重要训练。

　　一个不能在社会上明白无误地、有效地表达自己的意愿、感受、态度的人，是缺乏社会生存能力的人。

　　有的人终生受困于这样一个缺陷：在

各种陌生的场合、公开的场合、正式的场合，各种自己心理上感觉有压力的场合，不敢明白无误地、声音清楚地讲出自己的观点，讲出自己的想法，讲出自己的要求，表达自己的感受。

解决了这个问题，人才可能真正全面地走入社会，面对生活。

所以，朋友们一定要明白，解决这个问题攸关未来。

一定要让孩子从小有这个概念。

要让孩子能够大声地、自然地、清清楚楚地表达自己的思想、愿望和情感。

一定要从小对孩子进行这种训练。

这种训练在有些家长看来是很困难的事情，有的人到了二三十岁、三四十岁都不能在公开的场合明明白白地大声表达自己的观点。

有些很聪明的人缺乏这种能力,有些很有学问的人缺乏这种能力,他们都受制于这个缺陷和弱点。

这样的家长会觉得,让自己的孩子做到这些很困难。

一定要在小时候就解决这个问题。

不解决这个问题,孩子将在人生中失去很多机会,增加很多困难。

解决这个问题其实不难。按照不同的年龄段,我们制定了不同的解决方案。

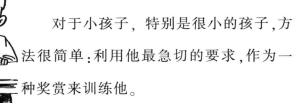

对于小孩子,特别是很小的孩子,方法很简单:利用他最急切的要求,作为一种奖赏来训练他。

年龄小的孩子总会要东西,要吃的,要玩的,要你帮他干什么。

很简单,让孩子或者大声说句话,或者大声表达一个观点,你再给他。

家长是很容易掌握这种方法的。孩子有各种各样的要求,要善于利用孩子急切的要求,训练孩子敢于大声讲话。这对于一两岁的孩子是百试百灵、立竿见影的方法。

千万不要觉得让孩子大声说几句话就是委屈他了,孩子会终生受益的。

一定要训练孩子大声讲话。

如果讲得虽然大声, 但是还不够清楚,就要求他说清楚一点。

比如他想要个玩具, 可是讲得太快,不清楚,要让他说清楚,然后再满足他的要求。

对于大一点的孩子,主要的方法是夸奖鼓励;其次要注意由易而难。

孩子不是比较怯生, 不敢大声讲话吗?

那么,在某一个场合,孩子说话的声音比原来大了一些,立刻夸奖,立刻鼓励。

训练孩子讲话一定要由易而难。

不能一开始就让他见一个他最害怕的陌生人,或者带他到一个特别严肃的场合让他大声讲话,这样会把他吓住。

要由易而难:先在家里大声讲话;再和熟人大声讲话;再在某种轻松的场合大声讲话。

这是对大一点的孩子训练的一个非常重要的诱导方式。

对于再大一点的孩子,要及时晓之以利害。

要告诉孩子,不解决这个问题,你的人生将会失去很多机会。

敢于清清楚楚地表达,是一个人必备

的能力。

成熟的孩子明白了这一点，问题很快会得以解决。

还有一种方法，就是在家里做表情朗诵。

找一篇故事，故事里不是有各种人物吗？你就用表情朗诵。

这一段是小孩在说话，就用小孩子的声音大声念一段："妈妈，你什么时候回来？"下一段是爸爸说的话："宝宝，给爸爸开门。"要用爸爸的声音来朗诵。

要在家里有声有色地念文学作品，声音大一点，如入无人之境。

在家里用十分的声音讲话，出门用七分的声音讲话就不费力。

家长自己也可以这样训练。

特别要朗诵那些接近你讲话的东西。

比如说，你想像某个名人那样讲话，很简单，找到一本他写的书，大声朗读，这个朗读就好像讲话一样，要口语化。

训练表情朗读，还可以找到各种各样的讲演资料。

这种资料使你能够进入讲话人的角度来念，找到感觉。

总之，大声讲话是训练孩子心理素质的一个特别重要的方面。

2.

未来强者心理重建法的第二个方法，叫作"交还权利法"。

现在某些家庭的家庭教育之所以进入误区，就在于剥夺了孩子的权利。

剥夺了孩子哪几个权利呢？自己关心自己的权利，自己管理自己的权利，还有关心他人的权利。

人活在世界上有两个权利，一个是关心和管理自己的权利，一个是关心他人的

权利。

世界上没有任何一种法律说,你不能关心自己,不能关心别人。即使最专制的国家都不敢说一个人不能关心自己,不能关心别人。可是我们的家长就敢。

家长经常剥夺孩子关心自己的权利、关心他人的权利。

一个七八岁的孩子,你把他的一切:学习、吃喝拉撒睡都管起来,安排起来,照顾起来,你就是剥夺了他关心自己的权利。

一个十岁的孩子,你还不让他去关心父母、关心他人,你就剥夺了他关心别人的权利。

两个权利的被剥夺使我们的家庭教育陷入误区,这是一个特别大的误区,对家长不好,对孩子不好,对民族不好,对整个社会不好,造成了孩子性格上的缺陷。

而孩子天生是有关心自己和关心他人的权利的,孩子天生是有这种兴趣的。

小孩子也喜欢过家家, 自己做做饭,弄个小锅小碗小盆,模拟大人。

这叫自己关心自己。

把洋娃娃当小孩,拍着哄着,让她睡觉。

或者找个小一点的小朋友当小孩,给他模拟理发,模拟洗脸。

这叫关心他人的兴趣。这种兴趣孩子从小就有。

孩子的这两个关心,是他作为一个人必然在生活中学到的、模拟到的一种本领、一种生活内容,你把它剥夺了,可以吗?

当然不可以!

在孩子特别小的时候,父母代管这两个权利。

但这不是你的权利,是孩子的权利,暂时由你代管。

当孩子在母腹中时,由你代管;当孩子刚刚出生时,你也代管一段时间。

随着孩子长大成人,要逐渐交还给孩子。

到了孩子十七八岁的时候,这两个权利就要完全交还给他。

孩子到了二十岁、三十岁你再管起来,成什么样子?

孩子不像孩子。家长不像家长。

我们把权利还给孩子的时候,还要加一个词来界定,叫作"有指导地把权利交还给孩子"。

因为孩子或者是小,或者是因为一直受到溺爱,没有管过自己、关心过自己、关心过别人,他不会,因此要有指导地交还给他。并不是说一开始一切都让孩子自己管,结果他管得乱七八糟,不按时睡觉,不按时学习。这叫无指导地交还。

有指导地交还才是正确的方针。

该交还孩子的权利包括什么?

管理自己学习的权利;掌握自己作息的权利;掌握自己时间的权利;掌握自己玩耍的权利;支配和使用家长给予他的那份金钱的权利;交往交际、社会生活的权利;选择、安排自己穿着的权利;选择、安排自己饮食的权利；掌管自己的床铺、书桌、抽屉的权利；掌管自己书籍的权利；在你给定的那个经济范围内，他有自己购物的权利。

随着孩子长大成熟，你要逐渐地、有指导地把这些权利交还给孩子。

一个从小把自己的抽屉、书本、床铺整理得井井有条的孩子，在未来的生活和工作中就有管理周边环境的能力，管理物质、管理金钱的能力。

你给了孩子零花钱，给了他一个限定。这个权利你要诱导他、指导他，使他能够正确使用，而不要干涉他。

饮食也不要安排得太具体，一桌子菜，他想吃什么就吃什么，不想吃什么就不吃。

孩子想减肥,你偏让他多吃,这都是干涉孩子权利的做法。

所以,让孩子有关心自己、管理自己的权利,又逐步有关心他人的权利,这是非常重要的。

如果孩子大了——一个上了小学的孩子,不知道父母的生日,不知道在父母生日的时候对父母有所表示,原因在于家长的错误教育。

因为父母不训练孩子关心他人,不给孩子关心他人的权利。

当一个孩子不会关心父母,不会关心家人的时候,在整个一生中也可能不会关心他人。

这种人在社会中怎么生活呢?

所以,交还权利,这是一个特别重要的口号。

我们主张把孩子应该有的这两个权

利交还给孩子。

　　将权利交还给了孩子,孩子又使用得比较正确,这时候不要再随便干预、侵犯孩子的权利。

　　从小被剥夺这两个权利的孩子是没有生存能力的。

　　从小被剥夺这两个权利的孩子更是没有创造力的。

　　有位伟人曾经说过一句话:我从小管理自己的抽屉。

　　这句话的意思是,这个世界是属于他的,他安排得井井有条。抽屉体现出他管理自己的责任心,那种能力和自信,那种安排自己的想象力和艺术性。

　　不侵犯孩子的这两个权利,还表现在将属于孩子的时间和空间交还给孩子,表现在家长与孩子的适度距离。

随着孩子的长大,家长与孩子之间要有适度距离。

不能把孩子所有的时间都限定在你的视野之内。或者把一个上学的孩子所有上学之外的时间都限定在家长的视野之内。

没有适度的距离是影响孩子成长的。

在这个世界上,适度是最重要的。

和孩子过于疏远、毫不关心,让孩子感受不到父母的温暖,孩子不可能正常健康地发展。反过来,让孩子感到父母永远笼罩着自己,自己在父母的羽翼下,没有任何自由活动的空间,孩子也不会成长。

适度的距离是应该提倡的。

把权利交还给孩子的最终表现是,随着年龄的逐渐增长,孩子的自理能力和自制能力也逐渐增长。

3.

第三个方法叫作"角色置换法"。

这是为了增加孩子的生存能力,增加孩子对社会的适应能力,提高孩子的心理素质,使孩子学会关心他人、关心自己的一种比较便于操作的做法。

一般情况下,家里的事情都是由家长做主。

随着孩子年龄的增长,让孩子对某些事情做主。

　　两三岁的孩子，就可以请他出出主意：今天吃什么饭？做什么菜？

　　他有时候也很愿意做主。

　　大一点的孩子，有大一点的事情可以请他做主：家里买什么家具？如何装修房子？星期天怎么过？假期去哪里旅游？爷爷奶奶的生日送什么礼物？

　　涉及更大的事情，可以和更大的孩子商量。

　　父母的工作，家庭中遇到的问题，都可以让孩子提出建议。

　　让孩子为某些事情做主，使孩子站到家长的角色上，这叫角色置换。

　　具体的做法如请孩子在假日、星期天当一天家长。

　　在我们举办的未来强者训练营中，很

多孩子提出要和家长颠倒一下位置，让家长当一当孩子，让孩子当一当家长，在这一天中全部是孩子说了算。让家长们体会体会当孩子的感觉如何。如果孩子用你的方法来管理这个家，你舒服不舒服？

这样做有两个好处。

一个好处是，当家长的知道了孩子平时在哪些地方还不够舒服，不够自在，也知道过去自己当家长有哪些地方处理得不合适。

另一个好处是，让孩子体会到当家做主所需要的行为能力和心理素质。

双方都有收获。

"角色置换法"的又一个具体活动是请孩子评判一下家长。

平常都是你评价孩子。你找一个时间，非常诚恳地请孩子评价一下，爸爸妈妈有什么缺点，有什么优点，爸爸妈妈哪儿做得好,哪儿做得不够好。

特别让孩子评价一下,爸爸妈妈形象设计得好吗?在家庭教育中对待孩子的态度正确吗?作为家长,你的创造力,你的智力,你的心理素质、强者素质,你的健康状态,你的道德能力和社会适应能力如何?

让孩子评价一下你。

这样评价家长能够给孩子带来非常好的感觉,有时候也能给家长带来很好的感觉。

我们的孩子其实有很多对家长的理解。

在我们的调查中,大多数孩子认为家长不理解自己,可是反过来,他们认为自己理解家长。在我与很多大学生的交谈中,他们也说家长基本上不理解他们,可是他们能理解家长。

请听一听孩子们的心里话。实践一下，让孩子评价一下你。

当孩子评价家长的时候，你会发现：一方面，你的有些优点、有些长处、有些好的品质，孩子很理解，他能够欣赏你，这会让你感动。

另一方面，可能你的不足之处，你的缺陷，你的人生弱点，孩子看得非常真切，提得非常亲切，让你有所触动。这种触动使得你有改变自己、重塑自己的愿望和决心。

请孩子评价家长，还有一个技巧，即向孩子请教某些问题，请孩子帮助自己做某些事情。

作为一个家长，当你请教孩子某些问题的时候，你会发现，孩子有时候那种郑重其事是你意想不到的，他会很努力地帮你考虑问题。

当你请孩子帮你做一件事的时候，虽然过去他习惯了你帮助他，可是当你让他帮助的时候，也会很强烈地触动孩子在这方面的责任心，以及关心他人的自豪感。

这种责任心和自豪感对于孩子的成长也是非常重要的。

善于帮助孩子、指导孩子，同时又善于让孩子帮助自己，善于向孩子请教、让孩子指导自己的家长，是真正的好家长，是聪明的家长，是平等对待孩子的家长，也是尊重孩子创造力的家长。

4.

第四个方法是"爱心培育法"。

当讲到爱心的时候,很多人觉得是陈词滥调了。现在到处都在讲爱心,讲得好多人已经忘了爱心有多么重要。当我们要求在家庭教育中培育爱心的时候,如果不讲清这里真正的利害,可能会被认为是空洞的说教。

爱心的培育对孩子的未来有着极为重要的意义。

我们讲出如下原因,父母们一看就会

警醒。

第一, 有爱心的人才会身心健康。

我们发现一个规律, 身心健康的人容易对人有爱心。你今天身体特别好, 精力充沛, 情绪饱满, 就愿意关心别人。

反之, 一个再有爱心的人, 当他痛苦不堪地躺在病床上的时候, 就无暇去关心别人。

身心健康是爱心的生理和心理基础。反过来, 充满爱心能使人身心健康。

一个从小有爱心的人, 身心健康。

不培养孩子的爱心, 实际上是忽视了让孩子身心健康的一个重要途径。

第二, 有爱心的人具有创造力。

文学艺术有这样一个规律, 创造在创造者有爱心的情况下能够成倍涌现。

在一般的发明创造中, 一个有爱心的

人往往灵动活泼、状态优良。

一个暴躁、狠毒、嫉妒、狭隘的人缺乏创造力。

所以，培养孩子的爱心，就等于培养孩子的创造力。

很多创造来自对人类的关心、爱心，比如说医学创造、生物学创造、心理学创造等都是因为关心人类，关心人类生活的方方面面，才有创造力。

没有爱心，哪来创造？

第三，爱心是人在社会生活中的魅力。

一个人，无论是男性还是女性，当他走向社会的时候，对周边的人有爱心，这个人就有魅力，大家就喜欢他，大家也爱他。

如果你的孩子有爱心，在未来他就有了很好的人缘，很多机会。

不培养孩子的爱心,等于剥夺了孩子的魅力,使他不会微笑,不会爱别人,也不被别人所爱,他在未来人生中就是一个失败者。

第四,有爱心是一种美德。

有爱心的人关心社会、关心他人,是有道德的人,是被社会尊重的人。

第五,因为有爱心就有了身心健康,有了创造力,有了魅力,有了美德,他才能有更好的社会生存能力。他才能与同学、与朋友、与同事以及与整个社会有更好的相处能力。

没有爱心,等于剥夺了这一切能力。

你现在不培养孩子的爱心,是想使孩子未来走什么路? 失败之路吗? 不健康之路吗? 不自在之路吗? 所以,爱心最终将成就孩子的未来。

这样，培养爱心就显得非常重要了。

培养爱心的一个根本原则，就是在孩子身边设置需要他照顾、爱护的对象，设置需要他照顾、爱护的弱者，使他有那种类似家长对待孩子的宽仁之心。

比如说有弟弟妹妹在他身边，这是需要他照顾、爱护的对象，这时在父母的引导下，孩子就会产生照顾对方的爱心。

还有，你可以让孩子养一盆花，或者饲养一种小动物。这盆花，这只小动物，就成了他能够照顾，也需要他照顾和关心的一个弱者、一个对象，他由此生出爱心。

再说了，虽然你是家长，但是人没有绝对的强弱之分。家长就没有弱的时候吗？家长生病的时候，不舒服的时候，烦恼的时候，要给孩子照顾你、爱护你的机会。

当孩子的爷爷奶奶、姥姥姥爷不舒服时，不仅我们自己要关心照顾，还要启发孩子去关心照顾。这也是调动孩子爱心的一种培养方式。

爱心就是通过这种具体行为，通过让孩子领会到自己能够关心别人、照顾别人，能够同情和关心比自己更软弱的对象来实现的。

这就是"爱心培育法"。

未来强者心理重建法，主要用来训练孩子的心理素质、行为能力、道德和社会适应能力。

七 心理障碍排除法

权威机构的调查显示,全国少年儿童(4—16 岁)心理和行为问题发生率高达 13.9%,小学生存在不同程度心理障碍的比例为 20%—30%,中学生为 40%—60%。

可是相当多的家长对孩子的心理健康不重视。很多家长甚至不知道心理健康的含义,以为孩子不发烧、不感冒就是健康的。只关心孩子的学习,不关心孩子心理健康的父母,是不称职的父母。

心理障碍排除法总结了八种可以在家庭范围内实施的心理障碍排除方法,经过实践证明,都是简单易行又速见成效的。

第一种方法,倾诉法;

第二种方法,宣泄法;

第三种方法,脱敏法;

第四种方法,哼哈二将法;

第五种方法,心理分析法;

第六种方法,减轻压力放松法;

第七种方法,暗示鼓励法;

第八种方法,听之任之法;

对以上八种方法的实施,还各有一些具体可循的指导。

希望这些方法能够帮助你克服孩子心理上的问题,使孩子不仅身体健康,而且心理健康。

1.

心理学有一种自我调节的方法,叫作"心理障碍排除法"。

"心理障碍排除法"是中国孩子成功法的组成部分,是可以在家庭范围内实施的非常有效的自我心理调节术,也是每个人应该具备的心理自我保健常识。

上海市的一项调查表明,小学生心理问题发生率为 23.2%。也就是说,四个小学生中就有一个孩子心理上存在着不健康现象,有我们称之为"问题"的事实存在。

这些问题通常表现为焦虑、抑郁,不
能适应周边环境,性格孤僻,以及有种种
恐怖心理的存在。

一般来说,心理不健康有三个层次:

第一个层次, 就是通常所说的精神失
常,比如精神分裂、各种非常明显的精神反
常现象。这在孩子中间并不多见。

第二个层次的情况就比较多一些,用
现代心理学、医学的术语讲,就是不同程
度的精神神经症,具体如强迫症、恐怖症、
疑病症、抑郁症、焦虑症、神经衰弱等。

有的小孩老担心自己和父母的安全,
害怕自己出事或者父母出事,什么事情总
往坏处想,很多很多焦虑,这就属于一种
不健康现象,医学称之为焦虑症。

有的孩子老怀疑自己有这种病或那

种病，这也是一种精神上的不健康现象，医学上称之为疑病症。

有的孩子老觉得自己的手没有洗干净，反复洗，这是一种强迫症。

很大的孩子夜晚还不敢独自睡觉，老觉得有危险因素，害怕很多东西，这可能是有恐怖症。

这些都是精神上的不健康，这种现象在孩子中间是比较多的。

第三个层次是一般的心理障碍、心理脆弱。

例如学习稍微紧张一点，会出现一些不正常的反应，经常咳嗽，并不是感冒造成的咳嗽，是神经性的，考试结束就消失了。只要考试一来他就开始咳嗽，剧烈咳嗽，甚至呕吐。

还有的孩子一到星期一精神状态就开始不好，感到紧张，到周末就松弛下来。

这些现象都反映出孩子精神上的某些不健康状况，其比例很可能比我们公开调查得到的数字还要大一些。

这些问题应该引起家长的充分重视。

年幼孩子的家长更应该注意这个问题。

如果在孩子小时候不注意他的心理健康，等他长大以后，问题就会累积得比较严重了。

调查表明，当代大学生中存在心理不健康现象及各种心理障碍的比例相当大。严格地说，大多数学生都有这种或那种心理上的不健康现象，有这种障碍或那种障碍，有些还比较严重。

例如很多大学生在生活紧张时，总觉得自己这儿不舒服，那儿不舒服，好像是生

理原因,其实是心理原因,比如胸闷、消化不良、头痛,还包括很多妇科的不正常反应。

所以,做家长的既要重视自己的心理健康,还要从小重视孩子的心理健康,才会使他们成年后能够避免心理疾病和心理障碍。

前面提到的各种不健康状况,如孩子因为不能适应生活及学习的压力,精神紧张,产生了各种情绪和心理反应,像焦虑、抑郁、孤僻,与周围同学及社会交往困难,甚至有些变态心理;还有通常所说的神经衰弱,及由很多心理原因造成的肠胃官能症、心动过速等等。到了大学乃至成人阶段,累积的就比较多,它们都将极大地危害孩子的健康成长。

作为家长,有义务帮助孩子健康地走上未来的人生之路。

2.

心理学研究表明,造成孩子心理不健康的主要原因是家庭。

包括特殊情况和普遍情况两部分。

特殊情况主要有三种:一种是家庭变故,比如父母离异或者父母中有一个人去世,对孩子造成精神上的刺激和创伤。

二是个别家长对孩子施暴、虐待,孩子可能会产生精神创伤和心理疾病。

三是孩子遭受过外界的欺凌,比如流氓骚扰,甚至性迫害,受到小霸王式的同学欺侮,这也可能使孩子产生心理疾病和不健康现象。

这三种情况数量比较少,相对来讲特殊一点。

我们还总结了家庭教育中造成孩子心理不健康的比较普遍的七种误区:

第一,对孩子过分溺爱,造成孩子心理承受能力比较差。

而心理承受能力差的孩子更容易产生心理不健康现象。

第二,与溺爱并行的专制。

孩子在溺爱和专制的环境中,很容易产生心理上的不健康。

因为溺爱和专制极大地破坏了孩子正常发育所需要的自在状态。

第三,偏重智力教育,忽略了智力以外的心理素质的培养。

从小的溺爱,再加上对智力的高追求、高开发,也是孩子产生心理障碍、心理不健康的重要原因。

第四,期望值过高,因而使孩子产生压力。

这种压力和现在普遍存在的学习负担过重、升学竞争,在孩子幼年就开始了,一年又一年累积起来,孩子心理上的扭曲、不健康是必然的。

第五,孩子从小和父母关系过于紧密,容易产生恋父情结、恋母情结。

目前中国的家庭中,恋母情结是比较普遍的。因为母亲照顾孩子的时候更多,关心得无微不至,这种情况下,男孩对母亲的依恋心理往往会有些畸形。

在街上经常可以看到，一个三四岁的小男孩对母亲呵斥来呵斥去，就好像一个很粗暴的男性在呵斥听话的妻子一样。这种情况应该引起家长的警惕。

孩子从小得不到父爱或母爱，是不幸福的。

任何一种爱的缺乏，都会造成孩子心理的不健全。

反过来，爱超过了一定限度，到了溺爱的程度，也会产生不正常的心理变化。

有的母亲很骄傲地对人讲，儿子十来岁了，晚上还要她搂一搂才能睡着觉，吃不下饭还要她喂一喂。她不知道，这实际上是葬送孩子的一种家庭教育。

一个男孩子十来岁了，还对母亲如此依恋，离开母亲不能吃饭、不能睡觉，这是一种病。

可是有的家长不懂得这一点,不知道自己是把孩子往疾病的方向上培养,往弱者的方向上培养。

这也是很多家庭溺爱孩子时经常出现的一个非常严重的情况。

第六,对不同年龄段的孩子缺乏正确的性教育。

医学研究还表明,很多严重的心理障碍、心理疾病,都源于小时候缺乏正确的性教育和性指导。

由此,家长应该充分认识到对孩子实施正确性教育的重要性。

在这方面,有很多专家的意见可供参考。

一个大学生患有严重的焦虑和抑郁,因为他在初中阶段有过手淫行为。由于缺乏正确的性教育,使他产生了深刻的犯罪感。这种犯罪感一直控制着他,使他觉得无脸见人。

他的症状严重到目光不敢正视任何人的眼睛,在生活中与人交往有障碍。

第七,因为现在的家长普遍溺爱孩子,同时又在不自觉地进行攀比,比如我的孩子穿的用的有没有其他孩子好,别人的孩子能出国参加夏令营,我是不是也该让孩子去,等等。

家长的攀比同时也造成了孩子间的攀比,是我家的车好还是别的同学家的车好?是我的手机款式新,还是别的同学手机款式新?这种攀比常常对孩子产生额外的刺激和压力。

这种精神压力也是造成孩子心理上不健康的原因。

以上七种造成孩子心理不健康的原

因,应该引起家长的重视。

所有的家长都应该一条一条地衡量一下,自己在教育孩子的过程中,有没有这些不正确的倾向。

3.

　　改变错误的家庭教育方式,首先需要改变家长的观念。

　　家长应该明白:一个人不懂得成功之外还需要健康,是很愚蠢的;不懂得健康的重要方面之一是心理健康,是不具备现代意识的。

　　只关心孩子学习而不关心孩子心理健康的父母,是不称职的父母。

　　把孩子当作精神寄托,用孩子来满足自己的虚荣心,而不考虑孩子未来发展前景的父母,是不负责任的父母。

如果因为家长不妥当的教育方法,已经对孩子产生了一些不良的影响和结果,要从现在开始逐步调整。

调整的时候,家长的决心要下得快,但做法要温和。

我们认为,有八种可以在家庭范围内实施的心理障碍排除方法。

这些方法经过实践证明,对家长、对孩子都是简单易行又快速见效的。

对于轻微的心理障碍、心理疾病,可以通过这些方法自然康复,省去了家长和孩子跑医院、请教专家的时间和精力。

第一种方法叫作"倾诉法"。

孩子或者父母有某种压抑的情绪、压抑的情结,压抑得多了,时间久了,就会形成一种心理障碍。比如经常有孤独感,孤独感压抑着;经常恐惧,恐惧感压抑着;经常有某种担心、不安全感,不安全感压抑着;老有某种欲望,这种欲望不敢说,不敢实现,老压抑着;都会成为一种心理障碍,心理上的不健康现象。

此外心里有很多苦恼,很多冤屈,不说出来,人也会有疾病。

对这一点许多人都能够找到自己的体验。

治疗这种疾病的第一个方法就叫"倾诉法"。

你有心理障碍,自己找人倾诉。家人有这种情况,让家人倾诉。

孩子有这种倾向,让孩子对你倾诉。

你要成为一个耐心听取孩子真心倾诉的好家长。这样,你才能有一个健康的孩子。

也可以鼓励孩子采用其他方式倾诉，例如，对同学倾诉，写日记倾诉，等等。

倾诉是孩子心理健康的一个重要保证手段。

有的人就是因为在一种放松的状态中大哭一场，过段时间发现自己的疾病好了。

为什么？他把压抑的情绪释放出来了。

所以，"倾诉法"是释放自己压抑的各种情绪、情结的手法之一。

第二种方法是倾诉法的扩展，叫作"宣泄法"。

压抑的东西能造成心理障碍，倾诉是一种用语言释放的方法，还有其他释放的方法。

现代人工作比较紧张,经常在人际关系中造成某些冲突。

人在特别愤怒的时候,在和领导、同事发生冲突的时候,常常很压抑。

日本有些公司就专门准备了一些沙袋,甚至把沙袋做成总经理的形象。部下生气了,就冲着沙袋暴打一顿。都是为了释放情绪,释放完了人就舒服了。

宣泄的方式可能是哭,也可能是其他的表示,要找到各种适当的宣泄方式。

第三种方法叫作"脱敏法"。

脱敏是一个心理学概念。你有什么烦恼,或者孩子有某种心理障碍,怕一个人待在屋里,不敢单独睡觉,怕生人,或者老担心有什么不安全因素,这时,你可以让自己或者让孩子把自身所压抑的东西、惧怕的东西,或者某些缺点、缺陷、心理障碍全写在纸上。

是你的你自己写,是孩子的让孩子自己写。

写完以后,把纸一撕,说,我不要这些缺点了,我从此以后不要它们了。

这时你就会发现,你的心理发生了变化。

也许一次不能解决问题,两次不能解决问题,多做几次就能解决问题。

这叫"脱敏法"。

因为当你撕纸的时候,你的心理上就有了一个要把这些东西否定掉的能量。

这一瞬间,自己对自己进行了一个心理调整,就等于批判了、否定了、抛弃了自己的这个情结,这个病态的东西。

家里没用的东西,生活的垃圾,我们可以用直接抛弃的方法。

如果垃圾都不扔掉,家就是个有病的

家：脏、乱、差。

心理上不健康的东西也要扔掉。

但是心理上的不健康你看不见，当你写在纸上时，它就成为一种外在的表现。

当你把纸撕了扔掉的时候，就完成了一种抛弃的心理模拟，这就能起到把缺陷、弱点扔掉的那种心理变化。

比如你有某一种缺陷，害怕某一种现象，或者特别害怕站在高处——恐高，或者容易急躁，动不动就着急，这种超出常规的急躁带有心理障碍特征的时候，要把这些缺陷写在纸上，一撕，然后扔掉。

你扔的动作特别干脆，撕的动作特别干脆，决心特别大，话说得特别利索，你会发现，自己在心理上发生了变化。

所以，在心理上抛弃一个东西，用这种象征的手法，跟扔掉垃圾是一样的。

第四个方法叫做"哼哈二将法"。

我们说"哼哈二将",其实就是你的左右手。

当你心理上有一些畏惧,疑神疑鬼了,老担心什么了,有不良心理障碍的时候,很简单,站在那里,左手往前一推为"哼",右手往前一推为"哈"。

这样,一哼一哈,一哼一哈,左右手交替向前推,同时大声喊哼哈,哼哈,哼哈。声音越大越好,气壮山河。

哼哈二将法调动了你心理的能量,能战胜很多不良心理。

无论是疑神疑鬼、不良信息、胆小,还是迷信的想法,一哼一哈全部去除。

人不仅有口头语言,还有动作语言。

手是一个特别明显的动作语言的表示。鼓掌表示欢迎。握手表示友好。拳头表示愤怒，表示有力。伸手，掌心向上表示接受。掌心朝前推，表现排斥和拒绝。

所以，对不良信息、不良心理因素干扰，用哼哈表示排斥、拒绝，不要你们！这个方法家长可以用，孩子也可以用。

有的时候孩子特别胆小，老觉得床底下有什么东西，老是在晚上不敢出门，怕遇到危险，有的孩子一听外面刮大风就害怕。你教他玩一会儿"哼哈二将法"就好了。

第五个方法叫做"心理分析法"。

所有的心理障碍都是有原因的，父母和孩子要在平等对话中慢慢分析出原因来。

有的孩子上高中了，还不敢一个人在家睡觉，老要父母陪着。

其实这是个心理障碍，而家长却不知

道为什么。

分析一下才发现，从小母亲经常出差，父亲也很忙，孩子特别怕失去母爱，也怕失去父爱。因为怕父母不在身边，就产生了只要父母不在身边就不敢睡觉的心理现象。

而自从他有了这种心理现象以后，父母就总要有一个人陪在家里。

他用不敢一个人睡觉把父母留在身边。

一个中学生从小怕黑，上高中了还不敢关灯睡觉。

经过细致的分析发现，孩子上幼儿园时，曾经被老师关过几次小黑屋。

很多心理障碍就是这样形成的，非常微妙，要分析。原因分析清楚以后，怕黑的症状彻底消除。

第六个方法叫作"减轻压力放松法"。

很多心理障碍是由于生活学习压力过大所致。如果不能够适当地减轻压力，压力持续地压在身上，任何人都可能承受不了，产生心理障碍。

现在很多种疾病被称为心身疾病，是由心理原因引起的身体疾病。很多肠胃疾病、心脏疾病、高血压，等等，其实是神经官能性疾病，要用减轻压力放松法来进行调整。

第七个方法是"暗示鼓励法"。

孩子虽然有这样的缺点，有那样的障碍，可是你暗示他：你慢慢就好了，你慢慢就胆大了，你慢慢就不怕了。这是暗示鼓励法。

第八个方法叫作"听之任之法"。

人有了这种心理障碍或那种心理障碍，在进行调节的时候，要有个过程，不是说好就好了。有了心理障碍和不正常现象，不要太当回事。太当回事就会更成一回事。此时坚持一个原则特别重要，由这个原则引申出的方法叫作"听之任之法"。

一位大学生对我说，他老爱脸红，只要一张嘴说话脸就涨得通红。

这实际上也是一种心理障碍。他问我怎么办。

我告诉他，有一点对你很重要，就是不要太在意。有的时候你的脸并不是太红，你太在意了，老觉得别人在注意你的脸红，就愈发脸红。所以听之任之并且不太在意的态度，有的时候也是处理心理障碍的一个方法。

八　微笑根本法

人类是智慧的动物,只有人类会微笑。其他动物都不会微笑。

所以,善于使用微笑是人类的智慧。

微笑使生理放松,身体健康;微笑使心理放松,心理健康;微笑是一种人格魅力,是造成人生方方面面机缘的一个特别重要的语言。

家长首先要学会微笑,并且用微笑对待孩子。让孩子学会笑对生活。

微笑的孩子会成为在社会上备受欢迎的人。

微笑的孩子能够克服更多的困难。

微笑的孩子可以增加被欣赏与被夸奖的机会。

从小善于微笑的孩子,长大以后必然会用微笑的态度对待生活,用幽默的态度对待遇到的一切困难。

微笑是人生大法。

微笑对待孩子,是家长对孩子最大的善意。

希望你永远以微笑的表情面对孩子,让孩子在父母的微笑中成长。

1.

成功的家庭教育有许多方法,现在要讲一个最简单的方法, 也是最基本的方法, 它贯穿在上面讲的所有方法之中,叫作"微笑根本法"。

我们讲到家长和孩子的新形象,讲到强者心理素质,讲到各种健康技术,方方面面都涉及微笑。

有一位华侨老人,生意做得非常好。

他做生意有一个收获,这个收获和中

国孩子成功法里的精神是一样的。

他说:在这个世界上,你给别人什么
表情,别人就回报你什么表情。

你给对方一个怨恨的表情,对方回报
你一个怨恨的表情。你给对方一个善良的
微笑,对方回报你一个善良的微笑。

他的经验就是,当你把微笑给了千百
个人的时候, 千百个人回报你千百个微
笑,你的人生就成功了。

一个人能够面带微笑对待人生,有三
个好处。

第一个好处,微笑能够自然而然地调
整你的身体。

脸一微笑,全身放松。人的全身都会
微笑。

当全身微笑时,身体自然而然走向健
康。

可以体会一下,你的胸口、胃部都会微笑。

当你胃痛（特别是那种痉挛性疼痛）时,让胃部微笑一下,胃部放松,疼痛缓解。

人的五脏六腑、四肢都会微笑。

微笑对生理有放松、通畅的作用。

微笑是一种极好的健身方法。

当孩子某个部位不舒服的时候,家长可以这样指导孩子,脸笑一笑,手笑一笑,然后用手按摩一下那个不舒服的部位,让那个部位也微微笑一笑。

经常会有这样的情况发生:孩子本来肚子疼,经过这样的按摩,就好多了。

微笑的第二个好处是能使你心理上同时放松。

现在的家长肩负着各种使命：事业，家庭，老人，孩子。任务很重。

这些任务落在一个人的身上，会产生压力。

连很小的孩子也开始承受学习的压力、升学的压力。

经常微笑可以使人缓解紧张，放松心态。

微笑不仅使本人得到放松调节，也使他人受益。

当家长的都有这种体验，孩子的微笑是最有感染力的。

有时候家长一天的疲劳在孩子的一个微笑中化解，会感到自己付出的巨大心血在孩子的微笑中得到回报。

那么，我们同时还应该提到，家长的微笑也一定对孩子影响很大。

考察许多成功者的成功经验时,我们发现,很多成功者做事比较多,却身心健康,没有疾病,得益于用微笑的表情对待人生。

这样的人, 他们的子女也容易健康, 容易成功。

面带微笑的第三个好处是,一个人善于用微笑来对待周边世界和周边人,他会得到更多的机会。

外出买东西,看见售货员一脸的坏表情,你购买的欲望会下降一半。

你见到他喜气洋洋、乐乐呵呵地跟你说话,购买的欲望会增加百分之五十。

所以,古人讲"和气生财",现代人讲"微笑服务"。

做小生意尚且如此, 做整个人生的

"大生意"呢？当你善于用微笑来对待生活的时候，无疑多了很多人缘，多了很多机会，多了很多理解，少了很多坎坷、矛盾和障碍。

所以，希望朋友们在今后的生活中经常面带微笑。

微笑是你的人格魅力。

2.

微笑也是一个人健康形象的最基本标志。

一个健康的家长和一个健康的孩子，就是一个微笑的家长、一个微笑的孩子。

微笑可以化解疲劳。

人的疲劳在很大程度上是由额外支出造成的：额外的紧张，额外的负担。

微笑可以使人的心理和生理放松，从而化解疲劳。

微笑可以化解各种各样的困难。

微笑可以消除心理上、生理上乃至人际关系的紧张。

本来很紧张的关系，一场冲突，一个矛盾，一微笑可能就化解了。

微笑可以化解很多生活中、事业中的僵局。

我们不是讲过别开生面法吗？在生活中遇到一个什么方法都解决不了的问题时，微笑就是一个简单的别开生面。

争论不下时，就不争了。你笑一笑，对方也笑一笑，忽然气氛松弛下来。

你与对方原本争论得特别厉害，僵局一个。微笑一下，问题解决了。

很多僵局其实问题并不是很大，只是情绪对立造成的。

这时候,微笑,制造笑意,是能够解决很多问题的。

微笑能够调整气氛。

所以, 从小要善于用微笑来对待孩子,你的孩子将受惠于这一点。

微笑对待孩子,是家长对孩子的最大善意。

你微笑时, 这张脸就是最好的相貌、最好的风景。

孩子每天在一个很好的风景区中,还能长不好吗?

如果你每天不是微笑,而是一张愁苦脸、一张怒气脸、一张严肃脸、一张板着的脸, 孩子在一个非常糟糕的环境中生长,怎么可能健康?

另外,还要教孩子微笑,那孩子就更

加有福报了。

从小要教孩子善于微笑,用微笑来解决问题。

对于小小孩, 你可以让他笑一笑,再答应他一个条件。

你笑一笑,爸爸给你一个礼物,这是一个从小训练孩子的方法。

要让孩子爱笑,善于笑。

生活中比较健康、比较成功的人,是一个经常运用微笑的人。

微笑很简单,很容易做到,却是一个法力无边的"大法"。

我们把用微笑面对孩子、面对家人、面对社会生活,作为训练家长的一个必修科目。

家长从今天开始要多微笑,并且用微

笑对待孩子。

还要让孩子笑对生活。

父母们很快会发现：你的孩子成了更受欢迎的人。

当一个小孩微笑着走过来时，所有的大人都喜欢他。一个孩子微笑着走进幼儿园时，老师都喜欢他。当一个孩子微笑的时候，所有的叔叔阿姨都喜欢他。

当他微笑着走进学校的时候，被同学和老师喜欢，又增加多少被欣赏和被夸奖的机会。

从小被人喜欢，这个孩子会得到多少欣赏和夸奖啊。

这样，他就越来越聪明，越来越健康，越来越自在，同时也就越来越会微笑。

家长每天都把微笑作为考核自己的作业。

如果今天你没有微笑,不及格。

还要这样要求孩子。

这一点特别简单,但特别重要。

不会微笑的孩子,是无法在未来的人生中取得成功的。

如果孩子经常苦着一张脸,家长就要从自己身上找原因。

很可能自己没有用微笑的表情对待他。

心理学家认为,幽默感是成功人士必备的心理素质之一。

从小善于微笑的孩子,长大以后,必然会用微笑的态度对待生活,用幽默的态度对待遇到的一切挫折和困难。

微笑是人生的根本大法,身心健康、人际关系、学业事业、婚姻爱情,对家长,对孩子,对内对外,从小到大,都受益于微笑。

　　人类是智慧的动物,只有人类会微笑。

　　其他任何动物都不会微笑。你们发现哪种动物会微笑?

　　所以,不会微笑,做人都没有资格。

　　善于使用微笑是人的智慧。

3.

现在,请你安安静静地坐下来,把脊柱挺直,同时面带微笑。

让我们在这种状态中,共同回顾一下前面八个方法的内容。

中国孩子成功法中的前四个基本方法:

新形象确立法;

心理暗示法;

欣赏、夸奖、鼓励、榜样法;

进入孩子思维法。

我们为孩子设计的新形象是:

智者形象:聪明智慧,想象力丰富,热爱学习,喜欢发明创造。

强者形象:自强,自立,自信,不怕困难,敢说敢做,对人不卑不亢。

健康形象:身体健康,抵抗力强,心理健康,生病后能很快恢复健康。

道德形象:关心他人,理解他人,懂是非,懂善恶,有社会适应能力。

自在形象:热爱学习,奋发向上,兴趣广泛,开朗活泼,愿意自己管理自己的学习和生活。

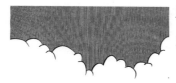

孩子应该具备的优秀现代意识有:独立意识,主见意识,竞争意识,奋斗意识,创造意识,效益意识,金钱意识,社交意识。

我们为自己设计的新家长形象是：

当面对孩子的时候，我们和蔼，我们对孩子欣赏，我们与孩子平等，我们理解孩子，我们关心孩子，我们尊重孩子，我们耐心，我们倾听，我们正确指导孩子，我们从容，我们自信。

我们在每天的生活中，在和孩子的交往中，使孩子进入新的形象，使自己进入新的家长形象。

我们对孩子进行各种积极的心理暗示，避免和消除一切不良暗示的影响。

我们对孩子的所有良好表现，都有不遗漏的欣赏和夸奖。

我们鼓励孩子，为孩子树立种种榜样。

　　我们要做孩子的朋友,与孩子平等对话,倾听孩子的自由谈话,与孩子共同游戏, 经常站在孩子的角度上思考问题,理解孩子的真实想法。

　　由此,我们对孩子有了更正确的理解和更有效的指导。

　　我们用"冲突化解法"处理和孩子的冲突,扭转了过去对孩子的专制态度。

　　我们用"未来强者心理重建法"塑造孩子良好的心理素质,走出对孩子溺爱与强行塑造的误区。

　　我们和孩子之间更加相互理解,关系更加融洽。

　　我们用"心理障碍排除法"解决自己和孩子面临的各种精神压力、紧张情绪乃至轻微的心理障碍、心理疾病。

　　我们的孩子会身心更加健康地走向

未来成功的人生。

我们所传授的方法,家长在教育孩子的过程中都可以自然而然地运用,并不需要多费力气。

只要做了,必定会使家长自己的人生、对孩子的教育和孩子未来的命运,发生根本性的变化。

对于这些方法,家长在任何时候都可以安安静静坐一坐,若有若无想一想,感觉就来了。

感觉一来,对待自己、对待生活、对待孩子,就有了新方法、新对策。

最后,面对这样一个全新的世界,面对这样可爱的孩子,面对孩子未来的生活,也面对自己年轻的人生,我们从心底里漾出微笑。

这个微笑将扩展到我们的整个生活中,变为我们所有的言语、行为。

这样，我们就进入最后一个方法:微笑根本法。

当我们微笑对待孩子时,孩子就在微笑中成长。

当我们微笑对待身边的同事、朋友时，我们就把微笑根本法扩展到人际关系。

当我们用微笑对待工作、对待生活、对待生命时,那就是微笑根本法的全面运用了。

希望每一位家长都能实现自己对孩子的期望,把孩子培养成健康优秀的人。

同时我们也希望,每一位家长也将拥有更好的人生。

祝愿朋友们从此以后,揭开自己和孩子人生新的、更加美好的一页。

让我们共同为孩子未来人生的幸福和成功架起一座桥梁。

附录

中国孩子成功法案例

多年来，我陆续出版了几部有关家庭教育的著作，有《情商启蒙》《把孩子培养成学习的天才》《好父母胜过好学校》*《天才少年的十二把金钥匙》《今天怎样做父母》等。

许多家长热情来信，讲述读了这些书后，家庭和孩子发生的变化。有些孩子的变化之大，连我自己也意想不到。天津的初三学生邢宇在短短的半学期内，学习成绩由全年级第二百名进入全年级第十名，同时，心理素质得到了显著提高。

类似的事迹，数量众多。

这里选登部分来信，供家长参考。

希望这本书帮助你的孩子早日走上成功之路。

（* 注：此书于1997年第一次出版，当时书名为《中国孩子成功法》——编者。）

期末考试数学成绩从 54 分提高到 93 分

我的孩子叫吴伏浩,男孩,现上初中二年级。

过去我是唠叨式、数落式、操心式的家教方式。《中国孩子成功法》使我深受启发,首先从八字方针做起,对孩子的每点进步都要"欣赏、夸奖、鼓励"。其次把孩子过去的错误都看作是暂时的,用微笑的面孔对待孩子。再次重新塑造自己的新形象。

过去孩子不爱完成作业,数学在 60 分左右。从小学三年级开始,老师就经常反映孩子不完成作业,上课不专心听讲,看到黑板上写着不交作业的同学有"吴伏浩"三个字,我的气就不打一处来,当着老师面先把孩子骂一顿,回到家还要没完没了地说。

吴伏浩的爸爸教育方式更简单,有时还不如我。我每天唠叨孩子不争气,不好好学,长大打算干什么,孩子他爸爸就说:收废品去!

在这种方式的教育下,孩子的学习就更差了,成绩总是六七十分。

我对吴伏浩说:如果你真不想学,咱们就不学了。过去你爸爸把你的作业本撕了,把书包扔到房上去,因为那时你小。现在你大了,再不好好学,我们可没办法了。

我是和孩子一起去听柯老师的家教讲座的。从那以后,我和孩子每天都在发生变化。吴伏浩说:"妈,我非得改变自己,做一个新孩子。"

孩子和我每天都看《中国孩子成功法》。我抓住孩子的每一点进步给予表扬、欣赏、鼓励,用了"描述的方法":吴伏浩脑子特别好用,是个很聪明的孩子,也是个懂事的孩子,我的孩子特别爱动脑筋,吴伏浩知道什么是对的,什么是错的,也是个会关心人的好孩子。

结果,孩子的学习成绩直线上升。

他上学期数学考试 54 分,这学期寒假前数学考了 93 分,是个了不起的进步。对这次进步,孩子比家长更高兴,回到家就对我说:"妈,你猜我这次考试得多少?"我说:"就猜数学吧,70 分。"吴伏浩说:"你再猜猜。"我想猜 80 分,又有点不大信,大胆地说:"80 分。"吴伏浩说:"不对,是 93 分。"我都不敢相信,简直太神了,这说明《中国孩子成功法》里的教育方法是成功的。

一天,吴伏浩的爷爷睡午觉,他主动找衣服给爷爷盖上,爷爷醒来问:"谁给我盖的衣服?"吴伏浩说:"我怕您睡冷了,就给您盖上了。"爷爷说,一个寒假没见,孩子长大了,知道关心人了。

还有一天,他和邻居小孩子一起玩,在我家组装高智能赛车。一个小朋友比他大两岁,有残疾,背驼着,玩了没有十分钟,吴伏浩就说:"哥哥你来坐靠背椅吧。"我正在一旁洗碗,赶快鼓励他:"吴伏浩知道什么人需要关心,懂得关心家人,也懂得关心同学。"

学习《中国孩子成功法》和不学习就是不一样,单位的同事谁见我都说,不知我怎么活的,越来越年轻,一点也不像四十五岁的人。

家长　侯秀兰

学生　吴伏浩

　　(暑假,吴伏浩的母亲又高兴地告诉我,孩子这学期又有了很大进步,考试成绩已由全班的第十四名上升到第九名。吴伏浩在信中说:"我一定要成为真正的强者,我坚信以后还会有大的变化。"我祝福他们!——作者)

短短半学期学习成绩由年级第二百名变为第十名

父亲姓名:邢广森

孩子姓名:邢宇

地址:天津市河西区

我的孩子邢宇今年十六岁,初中三年级学生。去年7月份,她有幸参加了"未来强者训练营"的训练。短短七天的训练虽然结束了,可发生在邢宇身上的变化却是惊人的。

《中国孩子成功法》中的教育方法确实全面启动了孩子。

参加夏令营以前,邢宇的成绩在全年级四百名同学的排行榜上名列第二百名。训练营结束后,邢宇对自己充满了自信,成绩突飞猛进,短短半学期内,学习成绩居年级第十名(总成绩为640分左右)。

她在情商方面也有了实质性的变化,有股不服输的劲头,在成绩有反复的情况下也不悲观,能保持良好的心态。

目前,学校正进入期末考试,邢宇胸有成竹,不仅将学校交给她画板报的任务很好地完成了,还抽出时间帮助学习差的同学共同进步。

总之，变化在孩子身上，喜在我们心头。

感谢柯老师，感谢《中国孩子成功法》。

邢广森

老师说:"您的孩子这学期变了一个人!"

柯老师:您好!

　　感谢《中国孩子成功法》,它使得孩子在短短的二十天里,就有了意想不到的变化,使我在教育孩子方面也有了很大的转变。

　　我的孩子叫陈浩,今年初一,在北京市二十一世纪实验学校读书。由于我们家长没有正确教育引导孩子的方法,过去的陈浩既调皮又不用功,学习是在家长的督促下进行,生活中的事也是由家长代办,一度对于如何教育孩子很头疼。

　　读了《中国孩子成功法》,我们意识到必须走出以前教育方式的误区。

　　要想改变孩子,首先从家长入手。己所不欲,勿施于孩子。

　　要针对孩子的特点对症下药,在学习上要从兴趣培养着手,有了学习的兴趣,孩子的成绩也就自然上升了。在生活中培养孩子的自理能力,把属于孩子的权利交还给他。过去我们总是把孩子本来能够做的,都帮他做了,学习也总是在家长的督促下,这是一种溺爱,是一种不信任,是一种侵权行为。所以我现在对孩子讲:"其实你完全有能力管理好自己的学习和生活,因为你特别聪明。"

孩子听了家长用这种和蔼可亲的语言与他交谈,增加了信心。

以前陈浩最怕作文,这次孩子把一盘磁带放在我手里,我不知道里面是什么内容,放到录音机里听,是孩子的作文朗诵。我非常高兴,这个兴趣是从未有过的,我和他爸爸坐在录音机旁一直听完,并对他的朗诵进行了评价,夸奖了他的朗诵水平。

孩子非常高兴,无形之中提高了孩子的朗诵能力和写作能力。

第二天我们又为他买了十盘空磁带,他模仿数学老师、语文老师、英语老师的讲课,各录了一盘,每盘我们都认真听,仔细欣赏,鼓励孩子,说:"你真聪明,模仿能力强,将来一定能当一名出色的老师。"抓住孩子的这一大进步,我们又为他买来黑板、粉笔、板擦,让他充分发挥潜力,提高学习的兴趣,展示他的模仿能力,这是一种游戏学习法。

现在,无论是家人还是邻居,都说孩子变了,变得又懂事,又有礼貌。

有一天孩子在黑板上写道:"明天下午三点钟举行家庭百科知识竞赛,主持人陈浩",特邀嘉宾是我和他爸爸,写完以后孩子就去做主持人的准备工作。在一些百科书中找问题、写答案。上午我们提前把家务活做完,他爸爸也为这次"百科知识竞赛"没出车(他爸爸是出租车司机)。陈浩又当主持人,又当记者,整个活动既生动活泼,又充满知识性。

又一次我在黑板上写了:聪明的陈浩+健康的陈浩+自信积极的陈浩=?让他自己回答,他拿起笔毫不犹豫地写上"成功的陈浩"。这时我们热烈地为他鼓掌。

以前陈浩写字比较潦草,作业不认真,我们不是用过去那种单刀直入的方式去指责孩子,而是在黑板上写了"字是男人的一半相貌,我们相信陈浩的字一定会像他本人一样漂亮"。通过这样的指点,开学后陈浩的作业很整齐。同学和老师一致反映他在学校的表现很积极。老师对我说:"您的孩子这学期变了一个人。"

那彩云

我热泪盈眶,第一次体会到了做家长的幸福

柯老师:您好!

我的孩子高雨有幸参加了您亲自主持的夏令营,我通过参加两次家教培训后,收获不少。高雨在各方面也有了明显变化,不但有了自信心,而且敢大胆讲话,学习上有了很大的进步。

记得我第一次听课时坐在第二排,边听边反省自己的过去,就像对号入座一样,觉得在好多方面自己都是不合格的家长。当时我就在心里发了一个宏愿:从现在起我要从过去的思维中脱离出来,重新塑造家长的形象。

回到家,我马上就投入到了新角色中。那天吃过饭后,孩子用试探性的口气问我:"您能陪我打会儿羽毛球吗?"我毫不犹豫地回答:"可以。"听到这话,孩子特别高兴,因为以前这是不可能办到的,别说现在又热又累,即使没事休班,也不会陪她玩的。

打了一会儿,孩子说:"妈妈您累了,先休息一会儿。"

通过这件小事,娘儿俩心理上有了沟通,从不了解到了解方面讲,我迈出了第一步。

　　过去我总说孩子这也不行，那也不行。现在我改变了说法。比方说打电话，孩子过去不敢打，接了又怕说不好，挨训。现在我经常鼓励她，孩子变得爱说话了，也能在班里或家里办点小事，而且办得很好。在我面前提点小意见，我也不恼火了，态度很诚恳地接受。

　　在学习方面，我过去从不过问，只在考试后问一下成绩如何，考得不好就数落，吓得孩子直哭。读了《中国孩子成功法》后，我让她相信自己是很聪明的，心里不要有压力，考不好也不会说你。先肯定成绩，再找出不足继续努力，成绩肯定会突飞猛进的。

　　经过几个月的努力，孩子学习成绩真的明显上升了。

　　由于我现在经常过问学习和其他，孩子有什么都要和我谈，整天什么老师、同学的说个没完。两个月前的一个晚上，孩子拿来一份作业让我签字，我看后给老师写了几句话，然后签上名。孩子当时说了一句话，使我终生难忘。孩子说："妈妈太好了！"

　　当时孩子的语气很深长，说得我心里苦辣酸甜什么滋味都有。说句心里话，我从小没父母，生活多难都不落泪，至今写到这里眼泪还禁不住要掉下来。

　　前些日子孩子期中考试，我让她不要有压力，考出真实的成绩来。结果不错，成绩比以前又上去了。可是她自己还感到不满意，觉得丢分太多，我反而要安慰她。

　　上周有一天，她用商量的口气问我，让同学到我家看光碟，是她参加夏令营的那盘《未来强者之路》，我马上答应了，乐得她简直要跳起来，说担心我不同意，有一名男同学怕我不让进门。我说怎么可能呢？受受教育是多好的机会。孩子说,同学的家长不这样对待,男女同学不允许来往,更不许打电话,总看着他们,他们没有自由。

作为家长,我现在可以说是90%合格,但我身边的很多人还是没有跳出过去的思维,我真恨不得也让他们看看《中国孩子成功法》。

胡晓霞

我的孩子学习进步了,胆子也变大了

父亲姓名:王余宏

母亲姓名:张金芬

孩子姓名:王琰天

地址:江苏省姜堰市

过去我的家教方式是命令式,让孩子学习这样,做好那样,没有耐心,多数情况孩子都在压力下学习。生活中我是唠叨式、数落式、训斥式、打骂式,孩子一有错误我就说:你是"成事不足,败事有余""真笨""无药可救"……

通过学习《中国孩子成功法》,我开始有的放矢地欣赏、夸奖、鼓励孩子。

在短短四周内,他的学习成绩有了较大进步,上课能认真听讲,对自己也有了信心,结果数学考了 96 分(从上一年级起,他的数学成绩从未超过 90 分),老师都怀疑他的分数是偷看的。我后来仿照题目的形式重新考他,他都答对了。

我于是鼓励他,说他是个聪明孩子,说:妈妈相信你的进步。

再如我的孩子胆子很小,不敢一个人上楼,我就尽量在别人面前夸奖他,他果然胆子变大了。一天晚上我们上楼,他有些害怕,我鼓励他说:天天(孩子的小名)是勇敢的男子汉,帮妈妈先上楼开灯好不好?他停了一下说:好。于是鼓起勇气一个人上楼开灯。我马上为他鼓掌,还告诉他的弟、妹,哥哥现在变得很勇敢。以前他一个人不敢睡觉,都十岁了还得和我睡一张床,现在他单独睡觉也不害怕了。

由于意识到不良暗示对孩子的负面影响,我重新设计我的口头语。

孩子有了问题,我就说"没问题""慢慢来""再想一想"等。由于语气温和,与孩子之间也有了沟通,孩子不再害怕我。以前我对他老是一副严肃的脸,除了训斥,就是打骂,现在"打骂"已经不存在了,而是同他讲道理,他比以前听话多了。

有一次,他吃过饭把碗随便一丢,我说:你怎么不收碗?他说:是你吃的。我笑笑故意说:是吗?你看我多糟,自己吃过饭的碗都不收,这是不对的。来,你帮我收好吗?于是他很爽快地把碗收了,过了一会儿,孩子说:是我吃的,下次我会记住的。

通过两个月的学习和实践,我和孩子相处得非常快乐。他愿意跟我讲一些学校里的事,我也很用心去听,去分享他的快乐。

我最大的收获是自己变得积极、乐观、自信。

我感觉自己是一个幸福的母亲。

张金芬

期中考试的名次一下提高了 14 名

父亲姓名：英俊峰

孩子姓名：英一铭

地址：衡水市

我叫英俊峰，通过细心研读《中国孩子成功法》，才知道以前对女儿的教育、指导犯了好大的错误。又把此书交给我爱人阅读，她也有同样的感觉。

现在我们正按此书逐渐改进对孩子的教育方法。

实行才三个月，收到了意想不到的效果。

我们有一独生女，叫英一铭，十四岁，初二学生，成绩一般。现在大部分家庭都只有一个孩子，每位家长都想让孩子成材，我们也是一样。孩子成绩不理想，就着急发火，孩子见了我们就害怕，把学习当成负担，成绩反而不断下降，真是欲速则不达。

为了把孩子的成绩搞上去，每天她做作业时，我们就陪着她，遇到不会的问题，给她讲，还不会时，她着急，我们也着急，最后问题还是弄不明白。

我们就说了许多泄气话,比如,你真笨,你不如谁等。这样女儿的学习成绩不但没提上去,反而呈下降的趋势。

我们还有一个错误,是基本没有表扬、鼓励过孩子,怕她骄傲,多数是批评,使女儿认准自己笨,不聪明。我们也认为女儿不如学习好的孩子,其实她是非常要强的。

读了《中国孩子成功法》,我们对号入座,书中家长的许多错误行为,在我们身上都有体现。我们就按照书上讲的去改进,尤其在说话方式上有了进步。女儿有了小小的进步,就夸奖她,让她听到的是鼓励,而不是数落。慢慢她的积极性就调动起来了,学习由被动变为主动,压力变为动力,期中考试名次提高了十四名。

女儿非常有信心,说自己还能够提高。

英俊峰

"新形象确立法"使我的女儿变成了一个新人

父亲姓名:黄林甫

母亲姓名:郭龙秀

孩子姓名:黄芳

地址:湖北省荆州市荆州区

学习了《中国孩子成功法》,使我深受启发。柯老师指出,孩子的命运在很大程度上取决于所受的教育,孩子的未来在很大程度上掌握在家长手中。这话是千真万确的。

过去,我是唠叨式、数落式、训斥式、操心式的家长,和孩子不沟通。现在我改变了过去的教育方式,用书中倡导的八字方针指导自己,对孩子的每一点进步都欣赏、夸奖、鼓励。

过去孩子学习也认真,可是成绩总不理想,我就认为她不用心,老用粗暴的语言——你怎么这么笨?你怎么这样没用,学习不用心,只知道吃,讨厌!看你今天怎么办!——训斥她,希望她上进。可是事与愿违,她不但没有把学习成绩提高,反而产生了反感情绪,与我的关系越来越僵。那时家里经常发生争吵,我自已也感到很累很烦。

现在,我认真按照《中国孩子成功法》的要求去做,和孩子的关系每天都发生变化。

原来孩子胆子小,不敢与生人接触,一遇考试,由于紧张总是生病。

通过运用"新形象确立法",加上孩子的配合,取得了很好的效果。她变得能够大胆说话,而且反应灵敏,自信积极,身体很健康。

我女儿从小喜欢画画,多次得过全国大奖,但总是不自信。这次女儿到武汉参加美术专业高考,我抓住这个机会,为她设计强者形象。考试中她不紧张,临场发挥较好,反应机敏,出现了从没有过的速度。比如当第四场结束前半小时,她发现审题错了,有些慌张,可她马上镇静下来,快速完成了从未专业训练过的画法,并按时交卷。

对于孩子的每一点进步,我都抓紧给予表扬、欣赏和鼓励。

在她参加省内省外的学校考试成绩有了很大提高后,她越来越自信,特别是参加中央工艺美术学院考试时水平发挥得特别好。在最后一场口试中,她胜利地走上了人生的第一次讲台,从被动变为主动向老师大胆提问,并得到老师的赞扬,这也是我想不到的变化。

她的心理素质明显提高,敢讲话,表现大方,连续考试二十多场次,身体健康,我们原来担心的事情都没有发生。现在孩子的学习兴趣也提高了,对数学、外语等学科都有了兴趣。

她准备考完美术专业后,就全身心地投入全面的学习。

我感到很欣慰,孩子再也不用我们为她操心了!在生活中她不仅能够大胆与别人交往,还能关心别人,同情老人、残疾人,老师和同学都说黄芳简直成了另外一个人。

　　我运用《中国孩子成功法》中的方法，很好地解决了和孩子发生的一些冲突。

　　例如在这次美术专业高考期间的练习中，我给孩子提供了一个学习的榜样，对于这个榜样的认识我们发生了冲突，我运用"原则坚持法"坚持不退让，教育孩子应该借鉴别人的优点提高自己，也运用了"局部退让法"，最终通过互相理解达到沟通和共识。

　　《中国孩子成功法》还提供了几种健康新技术，其中"微笑根本法"对孩子很有用，她一肚子痛或是牙痛，用全身微笑法，那些不舒服及疼痛的感觉就消失了，孩子整天乐呵呵的。我也像变了一个人，家人、朋友都说我身体好了，精神好了，也年轻了！

郭龙秀

孩子的学习兴趣一天比一天浓

父亲姓名：刘临生

母亲姓名：张翔娥

孩子姓名：刘海斌、刘海鹏

地址：山西中阳县

看了《中国孩子成功法》，我和孩子都发生了很大变化。

我真正体会到做家长的幸福，和孩子真正成了朋友。两个孩子比以前更好了，身体健康，学习自在，道德完美，他们现在正充满信心地积极准备迎接高考、中考。

以前我不是一个合格的家长，脾气暴躁，对孩子出口骂，抬手打，说话不算数，许诺不兑现。对他们的学习要么不闻不问，要么严厉对待。对孩子的创造意识不夸，有时还会压制。

看了《中国孩子成功法》，我意识到了自己的教育误区，开始用"欣赏、夸奖、鼓励"的语言引导孩子，孩子们的学习突飞猛进，成绩由原来倒数几名一跃成为前十几名，连老师都对他们的进步感到不可思议。他们说：现在不由自主就想学。不用像以前那样逼着做作业,而且自觉自愿地学,争分夺秒地学。

我的大孩子喜欢绘画,二孩子喜爱搞小发明,我用"欣赏、鼓励"的方法,激励他们积极向上,他们都取得了明显成绩。

大孩子在素描、速写方面练得多些,水彩从来没有练过,老师给他讲解了一会儿,第一张画就得到了老师的夸奖与鼓励,这更增强了他学绘画的信心和决心。

二孩子在学习方面抓得非常紧,整个心都放在学习上,学习的兴趣一天比一天浓。

以前我常常有一些不好的口头语,什么"笨蛋""揍你""真没用",看了《中国孩子成功法》后,我总是对孩子们说:"我的孩子聪明、智慧、自在、健康快乐。"我每天以身作则,以微笑、和蔼、平等、宽容的新形象出现在孩子们面前。

我给他们写了几句格言, 每天早上醒来的第一项任务就是大声朗读,引导他们相信自己是一个强者,宽仁博爱,是顶天立地的男子汉。孩子们愿意接受家教的新方法,良好的积极暗示使他们比以前更加懂事,由被动帮爷爷倒灰渣、扫院子变为主动,并且能够克制讲脏话,逐步养成精神文明、道德文明的好习惯。

两个孩子原来就善于关心人,现在更是这样,碰见老的、伤残的,只要有条件他们就要帮助。见了恶人,虽然年纪小,无法做出什么,但他们是非分明,回到家里也要发表议论。在这种时候,我就告诉他们不仅要做一个善良人,同时要善于区分美丑、好坏,要有社会适应能力。

由于用《中国孩子成功法》引导孩子，我的孩子从学习到道德品质上都有了质的变化。我决心继续学习，进一步培养他们，为他们进入新的学校与将来进入社会打下坚实的基础。

刘临生

孩子在"情商"方面更有提高

父亲姓名:李相余

母亲姓名:张剑萍

孩子姓名:李明

地址:江苏省淮阴市清浦区

通过阅读《中国孩子成功法》,我的心态和以前大不相同,以前在教育孩子方面束手无策,整天为孩子烦恼、担忧。通过学习,现已初步从烦恼中解脱出来。

在教育孩子的方法上,我原来是陪读式、灌输式,不能调动孩子自身学习的积极性,现在我基本上掌握了"欣赏、夸奖、鼓励、榜样"八字方针,改掉了不好的口头语:"你怎么这样?气死我了,太不像话了!"而是说:"你就是认真!""你真聪明!"取得了非常明显的效果。

实施新的家教方法不久,一天正好我值班,走时对孩子说:"李明学习自觉,自己做作业,一定又快又好。"中午我回来,两张数学卷子已做好,又做了本子上的作业,也较认真,我及时夸奖了他。

老师以前也认为孩子聪明，就是太粗心了，我针对这个问题对他说："你做题时看清题目的每一句话，仔细而认真才是真正聪明。"我的孩子喜欢下棋，我就利用下棋的机会启发他说："下棋时要全面考虑，全盘看仔细才可能赢。做作业同样的道理，要看懂题目的含义，才能做得正确。"

现在他比以前细心多了。在一次考试中，有一道题大多数同学都看错了单位名称，只有他未看错。

他以前没有多少竞争意识，我对他说：你头脑聪明，如果课上认真听，仔细做作业，成绩一定能超过张倜同学(班里第三名的同学)。

这次考试他和这位同学成绩并列，还有信心超过他。

灵活掌握《中国孩子成功法》，不仅帮助我提高了孩子的学习能力和自觉性，在"情商"方面更有所提高。我的孩子现在比以前稳重，能够主动帮助同学，和同学相处融洽，而且自我控制能力比过去强了。他告诉我：班级几位同学悄悄带小游戏机在下课时玩，他虽然很想玩，但仔细想这样做是没好处的，就未同他们一起玩。

现在，我自己的苦脸也少了，人开朗了。

还能运用"冲突化解法"处理与孩子对立的看法，也能设身处地体会孩子的心理，调整孩子的情绪。许多以前看似很难的问题，经学习变得简单好处理了。只要按《中国孩子成功法》的要求做，一定能使自己做一个称职的家长，一定能培养出成功的孩子。

张剑萍

微笑是给孩子的最大善意

柯老师：您好！

　　我的女儿叫王君慧，十六岁，现读高中二年级。她很聪明，从小学到初中学习成绩都很好。可是升入高中后，学习成绩由原来的前五名逐渐降到第二十名。

　　每次开家长会回来，我都是一顿数落和责骂，弄得母女关系紧张。

　　读了《中国孩子成功法》，我大为震动，认识到以前的家教方法有严重的失误。孩子学习成绩下降和身上存在的某些不足，确实是我造成的，我是一个十分失败的家长。平时不知道关心理解孩子的需求，只知道催促她学习，整天数落、训斥，伤了她的自尊心，损伤了孩子学习的积极性和学习的兴趣，所以才导致她学习成绩下降。

　　要想使孩子成为一个成功、健康、自在的人，首先要树立起家长的新形象，彻底改变自己以前溺爱加专制的粗暴教育方式。要用微笑面对孩子，要和蔼、平等、理解、尊重，要站在孩子的角度考虑问题。试想，如果自己的长辈整天用一张十分严肃的脸对待自己，不是催促就是数落，自己还有做事的积极性和兴趣吗？应该"己所不欲,勿施于子女"。

对待他人,就心平气和,面带微笑。我为什么不能面带微笑地去对待孩子呢？

这样做了以后,一个星期后的晚上睡前她和我说:"我觉得现在很有自信心了,心里特别的放松、宽敞、痛快。"我听后十分高兴。这时正赶上高二第一学期期末考试,以前考试前我总是先给她定标准,各科平均成绩必须达到 85 分,班里排在前十名以内,否则怎样怎样……。这次我对她说:"你不要有什么压力,要放松心态去考,不要考虑结果如何,只重视考试的过程就行,你只要尽力了,考多少分我都不会责备你。"

第一科政治考完后她回来对我说,有一道大题答混了,弄不好及不了格。

我听后鼓励她说:"你就是还有点紧张,后边还有八科呢,吸取教训,把题审清楚就是。关键是答卷前把心态放松,情绪调整好就行了。"

后来她说不紧张了。考试后总成绩由原来的第二十名提高到第十二名,她从学校回来后,对我说:"数学、物理有很多不必要的失误,否则分还要多。"

我说再发挥好点,达到第五名是没问题的。

通过这次考试,她的自信心更强了。现在放学回家后,她主动地做作业,复习功课。每天都学习到十一点钟左右,边写作业还边哼歌,表明她的心情很好。

我再也不催促她了,让她自己管理好自己的生活和学习。

我以前的教育方法是溺爱加专制,方方面面都管到、照顾到。什么这个不行,那个也不许。从小剥夺了她自己管理自己、关心自己的权利,造成她从小有一个毛病,就是爱丢东西,什么学习用具、随身带的手套等。在家里什么活都不干,洗衣服更甭提。

我总是按照自己的思维方法考虑问题,处处行使家长的权利,并公开说:是我挣钱养活你,你就得听我的。使她没有一点自主权,用她的话说是从来也不问问她有什么想法和要求,伤了她的自尊心和自信心。中午就我们两个人吃饭,有时连一句话都不说。我还觉得对她操心费力,可她一点都不理解家长的苦心,心里很不是滋味。

现在我认识到根本的失误就是不理解孩子,没有站在孩子的角度考虑问题,强行塑造。今后要从心灵上与她沟通,进入孩子的思维。平时吃饭时,我主动地问她学校的事情,同学怎么样,老师如何。我很认真地听,慢慢地她就主动跟我讲了。

由于我对她态度明显的改变,母女之间的关系明显好转了。我还特别注意使用"欣赏、夸奖、鼓励、榜样"八字方针,增强了她的自信心,现在她能够关心父母,主动盛饭,收拾碗筷,有好吃的先让父母尝一尝。有时中午我临时有事回去晚了,她已把饭做好了,摆在桌上等我一起吃(以前等到1点钟,就是饿着,也不知道自己找点吃的)。现在我有什么事都跟她说,有时我说前一句她接上后一句,我俩真是想到一起了,找到了与朋友对话的感觉。

我还注意培养她的社会适应能力,告诉她要善于区分是非善恶,知道什么应该关心,什么人应该帮助,还应该学会拒绝,她也能照着我说的去做。有一次她对我说:"同学跟我借练习册,要抄我的作业,我没借给她。"我说:"对,就应该这样,不正确的要求就是不能答应。"

　　她还学会了帮助别人。有一次她去邮局订学习辅导材料,正遇上一个老太太寄包裹,把邮单填错了,她发现了主动告诉老人并帮助改正过来,避免了不必要的失误。

　　这是她第一次在陌生的场合主动帮助别人。

　　通过学习《中国孩子成功法》,我的最大收获是:改变了以前的旧自我,我以前性格内向,除去自己分内的事,其他什么事都不关心,通过学习,我比以前开朗多了,和周边人的关系也融洽多了。

　　另外我还体会到,微笑确实是一个根本大法,当你用微笑面对孩子的时候,确实是给了孩子最大的善意、最好的相貌、最好的风景。在好的风景中,孩子自然会健康成长。

　　感谢《中国孩子成功法》,它使我和孩子有了意想不到的变化。

宋书东

孩子作文"突发奇想,思如泉涌"

父亲姓名:赵先忠

母亲姓名:吴锦妹

孩子姓名:赵宇

地址:天津

学习《中国孩子成功法》,我深感家长的影响与孩子的成长关系密切。家长不懂科学的家教方法,会造成孩子的不良成长,甚至会影响他的一生,家长的责任重大。

按照《中国孩子成功法》的指导,我意识到不好的口头语只会给孩子带来负面影响。以前孩子一有错误,我总是数落、训斥他,或用气急败坏的口气骂他"懒""笨"。现在我注意运用良性语言"没问题!""好!""真棒!"夸奖、鼓励他,较明显的是孩子心情轻松多了,在生活中表现出很强的自理能力,有一种向上的积极性。

平常我们和孩子一起学习《中国孩子成功法》,三个人轮流朗读,我们用"大声讲话法"启发指导孩子,孩子朗读声音大,很认真,念得很好,提高了他的朗读能力。

《中国孩子成功法》在智力方面有一个设计是"聪明智慧，发明创造，突发奇想，思如泉涌"，在孩子写作文前，我就提示他先想想智者形象，强调"突发奇想、思如泉涌"。他似乎有了感觉，很快把作文稿打好，给我们念了念，还真不错，大有进步。

在学习的自觉性方面也表现很好，自己安排自己的各种学习，显得轻松自在，家长也不像以前那样督促、责备了。现在上课他注意力集中，学习毅力强，学习成绩、写作能力有了明显的进步，还能主动地找课外书看。

《中国孩子成功法》指导家长在孩子的兴趣上要因势利导，而不是强迫孩子做不感兴趣的事。我的孩子在绘画、书法方面有较浓的兴趣，我让他参加辅导班学绘画和书法，在家里，只要有空就让他画画、写字，帮助他提高能力。

《中国孩子成功法》在培养孩子各种能力方面有很科学的方法，这些方法、原则是我以前不清楚的，我感到很重要，今后我要以此为尺度引导孩子。

赵先忠